1290

KÖNIGS FURT

Zum Buch

»Wohlan denn, Herz, nimm Abschied und gesunde« (Hermann Hesse).

Wenn das nur so einfach wäre! Jedoch: Loslassen und wieder »heiter Raum um Raum durchschreiten«, sich auf das Leben mit all seinem Auf und Ab neu einlassen – welch eine Möglichkeit!

Wie können wir lernen, richtig loszulassen? Brauchen wir vielleicht den berühmten Schubs oder springen wir selbst? Spannt uns jemand ein Sprungtuch oder zerschneidet jemand die Taue, die uns festhalten? Wie helfen wir uns selbst oder können uns auch andere helfen?

Barbarina Boso stellt sieben Stufen des Loslassens vor, mit denen es gelingen kann, die eigene Vergangenheit als ein gelebtes und »durchgelesenes« Kapitel zu betrachten.

Erst wenn wir das loslassen, was uns am wirklichen Leben hindert, sind wir in der Lage eine langersehnte, neue Seite im Leben aufzuschlagen, ohne dass die Menschen und Dinge, von denen wir uns lösen, »weggeworfen« werden müssen.

(Informationen im Internet: www.Bewusster-leben.de)

Zur Autorin

Barbarina Boso, Jahrgang 1951, hat zahlreiche Bücher veröffentlicht, schreibt erfolgreiche Short-Stories, ist seit Jahren als Kolumnistin tätig und arbeitet u. a. für eine Verlagsagentur. Sie lebt und wohnt heute in Hamburg.

Barbarina Boso

Die Kunst des Loslassens

KÖNIGS FURT

Bewusster leben GUIDE

BEWUSSTER LEBEN GUIDES
Herausgegeben von
Winfried Hille

Dieses Buch ist meinen Töchtern und Enkeltöchtern in immer währender Liebe gewidmet.

Die deutsche Bibliothek – CIP-Einheitsaufnahme
Ein Titeldatensatz für diese Publikation ist bei der Deutschen Bibliothek erhältlich.

Originalausgabe
Krummwisch 2001

D-24796 Krummwisch bei Kiel
www.koenigsfurt.com

Umschlaggestaltung: Nicolas Weiss, Freiburg
Umschlagfoto: Peter Werner, Hamburg
Satz: Satzbüro Noch, Witten
Druck und Bindearbeiten: FVA, Fulda

Printed in Germany
ISBN 3-89875-021-3

Inhalt

Das wir geschaffen sind, das Unfassbare zu fassen
und das Unerträgliche zu ertragen –
das ist es, was unser Leben so schmerzensvoll
und was es zugleich so unerschöpflich reich macht.
Arthur Schnitzler

Ein Wort zuvor: Viele Köche verderben den Brei

Obwohl ich leidenschaftlich gern koche, soll dieses Buch kein Rezeptbuch fürs Loslassen werden. Aber ich werde dir erzählen, wie es mir, meinen Freunden und den Menschen aus meiner Familie ergangen ist. Vielleicht schöpfst du Kraft und Mut daraus, wenn du liest, wie unterschiedlich mit dem Loslassen umgegangen wird, wie spannend es ist, dein Leben ohne Fesseln zu gestalten.

Wir haben alle eine eigene Biografie. So wie ich bin, so wie du bist, so ist niemand! Wir sind einzigartig. Jedes Erleben ist absolut individuell. Und so hat natürlich jeder Lebensbrei seinen ganz besonderen »Geschmack«.

Nimm eine Prise Lebensfreude und Unbeschwertheit, einen Schuss Schwermut und Rücksichtslosigkeit und schneide etwas Bereitschaft in Scheiben. Gib mehrere Esslöffel Liebe und Hingabe hinzu, vielleicht noch etwas Leidenschaft ... Jeder sollte versuchen, seinen eigenen Lebensbrei zu kochen. Allerdings geben so viele Menschen aus unserem Umfeld ihre Zutaten in unseren Brei, dass er oft ungenießbar für uns wird.

Natürlich hattest du ein Konzept, eine Vorstellung, einen Wunschtraum, wie du dein Leben gestalten wolltest. Aber wenn du auf dieser Welt erscheinst, ist leider der Kochtopf schon da. Und er bestimmt lange dein Leben. Was darin schmort und köchelt, wird dir so lange vorgesetzt, bis du endlich deinen eigenen Kochtopf haben darfst. Eines weißt du genau: Du wirst ganz andere Zutaten hineinwerfen, als deine

Eltern, Geschwister und Verwandten es getan haben. Dein Lebensbrei soll nicht nur genießbar werden, nein, er soll absolut köstlich sein!

Irgendwann bist du enttäuscht, denn dein Lebensbrei beginnt anzubrennen, wird stockig und pampig, wird vielleicht sogar zum Gewohnheitsbrei? Das hast du nie gewollt! Was auch immer du hineingibst, wie viel du auch rührst und nachwürzt, es will dir einfach nicht mehr schmecken. Dir wird übel, du wirst krank. Du hast keine Kraft mehr, neue Würze hineinzugeben, weil dein Partner und deine Kinder immer nur ihren süßen Gewohnheitsbrei wollen. Was wirst du tun? Mit Pflichtgefühl weiterrühren, bis du entkräftet umfällst?

Ist dir jemals in den Sinn gekommen, dass du diesen verdammten Brei auch einfach stehen lassen kannst? Lass den Kochtopf los und den Rührlöffel fallen. Dreh dich um, reiß deinen Mantel vom Haken, öffne die Tür und sage die 7 magischen Worte:

»Ich gehe JETZT! Nichts hält mich auf!«

Kauf dir einen neuen Kochtopf, sieh dich um nach neuen aufregenden Zutaten.

Rühr dir einen neuen Lebensbrei!

Wo auch immer du eine neue Flamme suchst, koch meinetwegen über einem Lagerfeuer oder auf einem Spirituskocher, aber benutze nicht deinen alten Herd!

Jeden Tag kochen wir gemeinsam ein Gericht.
Jeden Tag Gewohnheitsbrei,
der schmeckt uns beiden nicht.
Keine Freuden und keine Tränen,
nur immer Einerlei.
Daran geht die Zweisamkeit entzwei …
Marie Nikolaus

Sooo viele Geschichten

Es steckt in uns allen: Wir lieben es, Geschichten zu hören.

Einige von uns lieben es aber auch, Geschichten zu erzählen. Beides habe ich sehr gern. Das Leben finde ich in allen Variationen so spannend, dass ich voller Begierde bin, all diese Begebenheiten zu erfahren. Was mir widerfährt, meinen Freunden, Bekannten, Verwandten und sicher auch dir, das sind sehr oft Geschichten, die sich kein Drehbuchschreiber besser ausdenken könnte.

Es sind absolut keine Klatschgeschichten über tägliche Belanglosigkeiten, sondern Fallbeispiele über die Schwierigkeit, glücklich zu werden. Die ewige Suche nach dem absoluten Glück und der immer währenden Liebe treibt uns seit Jahrtausenden um. Wenn wir meinen, das Glück gefunden zu haben, klammern wir uns daran fest. Wir erdrücken das Glück und nehmen ihm den Atem oder wir werden erstickt und erstarren.

So wie wir die »Kunst des Liebens« nach Erich Fromm erlernen können, so sind wir auch befähigt die Kunst des Loslassens zu lernen.

Wir brauchen Konzentration und Geduld. Erzwingen können wir nichts. Der erste Schritt ist immer die Erkenntnis, die Bewusstmachung deines Zustandes, deiner Lebenssituation. Wenn wir nicht erkennen können, was und wer uns schadet, erkranken wir. Immer solltest du dich fragen, egal, an was du leidest, warum du gerade jetzt diese Krankheit bekommst. Dein Kranksein weist dir den Weg, zeigt dir auf, dass du dich auf dich selbst besinnen solltest, dich konzentrieren musst auf das

Wesentliche. Du brauchst Ruhe. Nimm sie dir. Konzentriere dich darauf, dein Problem zu erkennen und zu benennen. Erst dann bist du in der Lage zu handeln, zu agieren. Denn wenn du agierst, also etwas machst und bewegst, wirst du dich besser fühlen. Lass nicht nur immer alles geschehen und über dich ergehen. Zu agieren ist immer besser, als reagieren zu müssen.

Lebensfeindliche Situationen erkennen

Salzsäule und Zuckerhut

Ich kenne das Gefühl der Geborgenheit.

Ich kenne aber auch die Angst, die Geborgenheit zu verlieren. Diese Angst ist oft mächtiger gewesen als das Glücksgefühl, geliebt zu werden. Was wird aus mir, wenn alles endet? Was werde ich tun, wenn man mich verlässt? Kann ich danach überhaupt jemals wieder glücklich werden? Wohlbemerkt: Niemals wurde mir gedroht, mich zu verlassen!

Doch schon als Kind lebte ich ständig mit der Furcht, allein gelassen zu werden. Ich wurde geliebt und wuchs behütet auf. Behütet heißt in diesem Fall: gut aufgehoben, liebevoll aufbewahrt. Meine Mutter Anni lebte immer in der Angst, mir könne etwas passieren. Mit überzeugenden Worten wurde ich vom Leben fern gehalten. Ich sei noch zu klein, der Weg war zu weit, die Freundin zu ungezogen, mit Jungen spielt man nicht …

Es war jedoch kein trautes Heim. Zank und Streit, Tränen und Flüche beherrschten meine Kindertage. Meine Eltern liebten mich, aber sie liebten einander nicht. Wurde eine Tür zugeschlagen, dann erschien mir dieser Knall wie ein Todesschuss. Eine Wiederkehr schien nicht möglich. Meine Kindheit war durchsetzt mit der Angst, meine Eltern könnten sich trennen. Einer würde fortgehen, uns, die wir übrig blieben, alleine lassen. Unvorstellbar für mich. Doch ständig lebte ich mit dieser Angst. So konnte man doch nicht leben! Schon ganz früh war mir das klar. Aber so musste ich leben! Meine ganze Kindheit hindurch!

Jedoch, meine Eltern trennten sich nie. Sie hassten sich 47 Jahre lang.

Das prägte mein Leben. Nie wollte ich verlassen werden. Nie wollte ich jemanden verlassen. Aber ich wollte auch nie so lange hassen müssen! War es Hassliebe? Anni schüttelt den Kopf. Hassliebe? Das ist ihr zu viel Liebe. Da war keine Liebe!

Meine Eltern haben sich nicht losgelassen: Man verlässt sich nicht, nur weil ein »bisschen« gestritten wird.

»Wir haben doch schon so viel gemeinsam durchgemacht.« Gleich nach dem Krieg hatten sie sich gefunden. Es war ein erzwungener Neuanfang für beide. Meine Mutter und auch mein Vater hatten ihre früheren Ehepartner im Krieg verloren. Ein gegenseitiges Verstehen entstand nicht, weil sich beide nicht von der schrecklichen Vergangenheit lösen konnten. Aber darüber wurde nicht gesprochen. Zu einem gegenseitigen Hineinfühlen in die verkapselte Trauer des anderen waren sie nicht fähig. Meine Eltern gingen eine fatale Symbiose ein, so wie es viele Partner praktizieren:

Ohne einander geht es nicht. Miteinander geht es auch nicht.

»Wir vertragen uns ja auch wieder.« Wie oft habe ich das gehört! Es bedeutete lediglich, dass sie notgedrungen wieder miteinander sprachen. Ein Konsens, ein Verzeihen, einen liebevollen Kuss, eine zärtliche Umarmung sah ich nie bei meinen Eltern. Hauptsache, das tägliche Einerlei wurde bewältigt. Trennung kam natürlich nicht in Frage. »Wir haben doch dich und deine Schwester!«

Toll, aber meine Schwester und ich hatten eine ziemlich bedrückende Kindheit. Natürlich wäre es furchtbar gewesen, wenn mein Vater fortgegangen wäre. Wir hätten noch karger gelebt und sicher lange gelitten. Aber wir hätten Frieden gehabt und bestimmt viele heitere Tage mit unserer zur Frohnatur neigenden Mutter. Ohne Zweifel hätten wir gelernt, ohne ihn zu leben. Heute weiß ich das. Als kleines Mädchen konnte ich mir das selbstverständlich nicht vorstellen. Ich wünschte mir nur immer inbrünstigst, dass sich meine Eltern wieder vertragen würden.

Ohne wahre Liebe gibt es auch kein Vertragen. Das hatte ich damals noch nicht begriffen:

> *Hoffnungslose Liebe machte den Mann kläglich*
> *und die Frau beklagenswert.*
>
> *Marie von Ebner-Eschenbach*

Also litten wir alle in unserer Familie. Meine Schwester wurde stur und unzugänglich. Ich heulte bei jeder kleinen Gelegenheit und zwanghaft wartete ich auf jeden, der das Haus verlassen hatte, immer in Panik, es gäbe keine Wiederkehr. Meine Mutter litt unter Migräne und Gallenkoliken. Einmal hörte ich sie verzweifelt schreien: »Ich erstarre zur Salzsäule, wenn du mich anfasst.« Noch keine Ahnung, was zwei erwachsene Menschen im Schlafzimmer anstellen können, glaubte ich natürlich, mein Vater würde meine Mutter heimlich schlagen. Mein Vater, völlig frustriert durch die Gefühlskälte, die ihm entgegengebracht wurde, geriet bei den geringsten Anlässen in Jähzorn: Das Handtuch war klitschnass, das Frühstücksei zu hart, die Erdbeermarmelade zu flüssig.

Er nannte mich »kleiner Zuckerhut«. Heute ist mir erst klar, wie Recht er damit hatte. Ein Zuckerhut ist süß, aber genauso starr wie eine Salzsäule. Denn ich wagte es niemals, mich in die Streitereien meiner Eltern einzumischen, aus Angst alles nur noch schlimmer zu machen. Starr und frierend saß ich auf dem Sofa und wartete auf Frieden.

Das sind lebensfeindliche Situationen. Es muss etwas geschehen! Aber was? Meinen Eltern war es unmöglich, überhaupt nur darüber nachzudenken sich zu trennen. Sie hatten doch zwei Kinder!! Wovon sollte meine Mutter uns ganz alleine durchbringen? Was sollen die Leute sagen? Außerdem – aber das ist mir erst viel später aufgegangen – war mein Vater alleine völlig lebensunfähig. Er konnte oder wollte sich noch nicht mal ein Butterbrot allein zurechtmachen. Also blieben sie zusammen und quälten sich weiter. Und das quälte uns alle.

Die Angst, es allein nicht zu schaffen, alles zu verlassen, was man sich gerade aufgebaut hat, veranlasst uns zum Bleiben und macht uns krank. Oder wir erstarren zur Salzsäule und werden gefühlskalt wie meine Mutter. Warum ertragen wir solche extrem lebensfeindlichen Situationen? Was gibt uns die Hoffnung, es würde ja doch irgendwann wieder besser werden? Aber wann? In wie vielen Jahren? Wir klammern uns an die wenigen schönen Augenblicke, die es noch gibt. Wir können nicht sagen, im nächsten Leben wird alles besser. Wann findet das nächste Leben statt? Ich kann mich jedenfalls nicht an ein Vorleben erinnern. Und wenn ich einmal die Herrscherin Cleopatra oder die Hexengöttin Hekate war, was nützt mir das jetzt? Ich habe nicht aus ihren Erfahrungen oder Fehlern gelernt. Aus den Fehlern, die ich während meines Daseins auf dieser Erde mache, muss ich lernen, solange ich noch auf diesem Planeten weile. Wer weiß denn schon, wie lange das sein wird?

Wenn schon Schilder, dann lieber »Eintritt verboten« als »Kein Ausweg«.
Stanislav Jerzy Lec

Zettelwirtschaft

Fred, ein alter Freund von mir, der mit einer wesentlich jüngeren Frau zusammenlebt, hofft, es sei vielleicht noch zu schaffen. Damit meint er die Aufrechterhaltung seiner eheähnlichen Lebenssituation plus Kind.

Fred und seine Freundin Katja sind gemeinsam zur Beziehungsberatung gegangen. Ich sah ihn skeptisch an. Dieser erfolgreiche charismatische Journalist, ehe- und lebenserfahren und mit allen Wasser gewaschen, geht freiwillig zu einer Eheberatungsstelle? Na ja, ich war davon sehr angetan, aber es schien mir für ihn total untypisch zu sein! Er war stets so liebevoll und tolerant mit seinen Lebensgefährtinnen umgegangen. Nur hielt es keine lange aus, da er als Fotojournalist viel herumreisen musste und oft monatelang für Reportagen unterwegs war.

Doch Fred sagt, er habe bei der Psychologin tatsächlich noch eine Menge gelernt. Und es ist ihm ernst. Er will an dieser Beziehung »arbeiten«, schon wegen der kleinen gemeinsamen Tochter.

Ich finde es bemerkenswert, wenn ein Mann über fünfzig noch so lernfähig ist. Er selbst weiß um seine Fehler. Mitten im Weltgeschehen, weit fort von zu Hause, denkt er oft nicht daran, sich zu melden: Ich bin angekommen. Mir geht's gut. Morgen setzen wir über. Wir fliegen übermorgen ...

Er konnte sich nie in die Sorgen um ihn hineinversetzen. Das sind Dinge, die Katja stören, ja sogar verzweifeln lassen.

Und sein stetiger großer Ärger ist, wie Katja mit dem Geld umgeht. Sie ist eine große Geldverschwenderin. Als Ärztin verdient sie gut. Außerdem kommt sie aus »guten Verhältnissen«. Und Vater und Mutter stecken zusätzlich immer noch dazu, gerade wo es jetzt auch eine kleine Enkelin gibt. Katja kann ihre Anfälle von Kaufrausch oft nicht bezähmen. Das treibt Fred zur Weißglut. Er hat sich sein Geld sauer verdienen müssen. Und so entsteht Streit. Wir kennen es alle zur Genüge. Keiner der Partner kann oder will sich ändern. Beschuldigungen, Beleidigungen, ewiger Unfrieden, Stress. Jeder wirft dem anderen seine Vorwürfe und Enttäuschungen an den Kopf, ohne über die eigenen Unzulänglichkeiten nachzudenken.

In Friedensangeboten schwört man Besserung, weil man ja auch hin und wieder Fehler einsieht. Der Partner will es glauben, aber bei der nächsten VERFEHLUNG ist alles nur um so schlimmer.

Fred erzählte, ihm stieg schon die Zornesröte ins Gesicht, wenn Katja wieder mit »tausend« Tüten in die Wohnung trat. Er wollte gar nicht sehen, wofür sie schon wieder das Geld verprasst hat. Für diesen Modefirlefanz! Er meckerte sofort los.

Andererseits kreischte Katja tränendurchweicht ins Telefon, wenn er sich eine ganze Woche nicht aus Grönland oder Alaska gemeldet hatte. Ihr Miteinander wurde unerträglich. Dabei lieben sie sich, wollen sich nicht voneinander lösen.

Aber das funktioniert nur, wenn beide lernfähig sind. Jeder hat schon ein Stück Leben absolviert, besondere Erfahrungen in einem ganz anderen Lebenskreis gemacht. Man muss sich erst aneinander GEWÖHNEN. »So lange kennen wir uns ja auch noch nicht«, sagt Fred.

Wenn dann ein Kind zusätzlich verbindet (das »Klebstoff« ist) und es zur Lebensaufgabe wird, diesem neuen Geschöpf auf der Erde ein glückliches Dasein zu schaffen, ist es ein großes Geschenk für diese Partnerschaft, gleichzeitig aber auch Verpflichtung, achtsam zu sein. Achtsam und sorgsam mit sich und dem anderen. Fred und Katja haben sich auf Anraten der Psychologin Zettelchen ins Portemonnaie oder hinter den Spiegel gesteckt.

Katja: *Heute werde ich meinem Einkaufsdrang widerstehen, ich werde mit Jenny einen Schaufensterbummel machen.*

Fred: *Ich werde Katja von unterwegs anrufen, ich möchte nicht, dass sie sich Sorgen macht.*

Es ist sehr schön zu hören, wenn zwei, die zusammengehören wollen, die Ängste, Nöte und Sorgen des anderen ernst nehmen. Und ich bin gespannt, wie es mit Fred und Katja weitergeht. Wenn beide loslassen können von einer Eigenschaft, die den anderen quält, dann ist die Beziehung gerettet. Für Katja und Fred ist es vielleicht noch rechtzeitig, weil beide noch aufeinander zugehen können.

Verschüttet unter Wortlawinen

Eines weiß ich aus meinen eigenen früheren Lebenskapiteln: Meistens gibt einer nach oder zieht den Kürzeren, um endlich Ruhe zu haben. Ruhe vor zermürbenden Diskussionen, verbalen Angriffen, Aggressionsattacken. Das ist in Zweierbeziehungen so und im Familienmiteinander oder -gegeneinander nicht anders.

»Wortlawinen rollen von den Bergen der Dummheit«, hat Marie von Ebner-Eschenbach einmal gesagt.

Das habe ich mir irgendwann einmal hinter den Spiegel gesteckt. Wie abgeschmackt und kräftezehrend sind doch die lautstarken Wortgefechte, wie belastend für die Mithörer, wie beängstigend für den Rest der Familie. Hysterisches Gekreische und Türenknallen sind keine Argumente. Das heißt natürlich nicht, dass du deine Wut unterdrücken solltest. In deiner Wut solltest du allerdings Contenance walten lassen. Contenance – eines meiner Lieblingsworte. Ebenso kannst du dir auch sagen, du willst die Haltung wahren oder die Fassung behalten.

Ich habe es aus dem Streitgeschehen meiner Eltern gelernt. Viele Jahre hatte ich leider Gelegenheit zu beobachten, wie man sich gegenseitig quält und triezt, dem Gegner Futter gibt, damit der sich dann wieder hochschraubt. Als zitternde Zuhörerin wagte ich auch nicht, mich zu entfernen, aus Angst, es könne etwas Schreckliches passieren. Immer stand ich insgeheim meiner Mutter bei, denn sie wurde ja angegriffen, beschimpft, beleidigt, mit Worten getreten. Aber leider sprang sie auch immer darauf an. Sie erwiderte die Attacken derart, dass mein Vater noch mehr in Wut geriet, lauter brüllte und tobte. Eigentlich bewundernswert: Meine Mutter blieb im Raum. Ihre ängstlichen Erwiderungen trieben meinen Vater vollends auf die Palme. Irgendwann ballerte er die Türen zu und verschwand mit dem Moped. Das war immer ganz schrecklich für mich, weil jedes Mal die Furcht da war, er würde nicht zurückkehren.

Meine Mutter war zuerst froh, Ruhe zu haben, dann kam die Unruhe, wo er denn nur in Gottes Namen hingefahren sei.

Schon als Schulkind fragte ich sie, warum sie denn immer Dinge sagt, die meinen Vater noch mehr in Zorn bringen.

»Sag doch einfach gar nichts mehr zu seinen Angriffen. Nächstes Mal streitest du dich einfach gar nicht mehr mit ihm, sondern wir gehen spazieren.« Das hat meine Mutter nie geschafft, dieses Insichruhen und den anderen austoben lassen. Das Groteske daran ist, ich habe mich in meiner ersten Ehe am Anfang genauso provozieren lassen wie meine Mutter. Die Situationen waren nicht so extrem, aber das Muster war fast das Gleiche.

Als ich plötzlich nicht mehr das kleine Opfer spielte, sondern eine andere Strategie anwendete, fühlte mein Mann sich bedroht. Ich ließ mich nicht verletzen, ich behielt die Ruhe. Ich reagierte nicht nur, ich agierte. Um diesen Zustand der Contenance zu erlangen, muss etwas in dein Leben treten, das dich aufbaut, dich stärkt, dir Mut macht, dir Rückhalt gibt. Das kann eine berufliche Chance oder Anerkennung sein, oder eine Freundschaft, die dir neue Perspektiven aufzeigt.

Was auch immer – wenn neue Kräfte in dir sprießen, streitest du plötzlich ganz anders oder gar nicht mehr. Das Wichtigste ist, glaube ich, den Partner vollständig ausreden zu lassen, auch wenn die schlimmste Ungerechtigkeit dich tief ins Mark trifft. Versuch das auszuhalten und antworte nicht sofort, sondern lass einige lautlose Sekunden verstreichen und antworte dann möglichst gelassen. Ich weiß, die Emotionen schlagen oft Purzelbäume und manchmal müssen dem Partner auch in einer gewissen Lautstärke Grenzen gesetzt werden.

Aber setze dir auch Grenzpfähle und werde nicht beleidigend und niederträchtig. Fairness ist eine wichtige Zutat. Du möchtest ernst genommen werden in deiner Verletztheit, bemühe dich auch, die Intentionen deines Partners von der wohlwollenden Seite zu betrachten, ohne eine nachgiebige Opferhaltung einzunehmen. Ich vermute, die Ohnmacht, die meine Mutter abstrahlte, machte meinen Vater zum »Täter«. Niemals kanzelte mein Vater mich derart ab, niemals verletzte er mich auf so abscheuliche Art, wie er meiner Mutter mit Worten wehtat. Ich blieb das stolze kleine Mädchen mit erhobenem Haupt. Auch wenn ich litt und weinte, fühlte ich mich nicht als Opfer. Meine Schwester nahm es mir stets übel, dass ich nie eine Ohrfeige bekommen hatte. Mein Vater wagte es nicht, mich zu erdrücken und zu drangsalieren. Instinktiv mag er gespürt haben, wie stark mein Ich war. Das imponierte ihm. Er fühlte sich von mir geliebt. Und es stimmte, ich liebte seine guten Seiten, von seinen schlechten Seiten grenzte ich mich ab.

Meine Mutter unterwarf sich. Er verlangte die Unterwerfung, aber gleichzeitig verachtete er sie.

Richtiges Streiten zu lernen ist nicht einfach. Es gehören ja immer zwei dazu, und der Partner spielt meistens nicht mit.

Wenn alles eskaliert und keiner von Euch bereit oder in der Lage ist, einen Konsens zu finden, dann musst du dich entscheiden.

Nur gibt es leider Ereignisse in einer Partnerschaft, die nicht zu verzeihen sind. Der Stachel sitzt tief, wenn wir zum Beispiel betrogen und belogen worden sind. Immer wieder wird uns bei Meinungsverschiedenheiten der Schmerz hochkommen, den wir empfunden haben, damals, als das geschah …

Und dann kommt die Ungeduld, die Trauer, vielleicht sogar Wut oder Hass.

Aber wenn wir Hass in uns verspüren und im Streit Dinge sagen wie »Mögest du verrecken« oder »Fahr zur Hölle«, dann ist es sowieso zu spät. Willst du mit jemandem zusammenbleiben, den du aus tiefstem Herzen verachtest, dem du den Tod wünschst?

Es ist so schwer, den ersten Schritt nach draußen zu tun. Das sind vielleicht deine Ängste:

- Ich werde die Einsamkeit nicht ertragen können. Wir waren doch immer zu zweit!
- Wovon soll ich leben, meine Existenz ist nicht gesichert!
- Meine Erinnerungen werden mich auffressen, ich werde vor Sehnsucht vergehen!
- Ich werde meinen Weggang bis an mein Lebensende bereuen, wenn ich alleine nichts auf die Beine stellen kann.
- Meine Kinder werden mir nie verzeihen, dass ich die Familie zerstört habe.
- Wer weiß, ob unsere gemeinsamen Freunde auch weiterhin zu mir halten.
- Was werden meine Eltern und Schwiegereltern dazu sagen?

All das schwebt natürlich in deinem Kopf herum, macht dich schlapp und antriebslos, macht dich am Ende vielleicht sogar sterbenskrank. Das ist der Punkt, an dem du erkennen kannst, dass deine Situation lebensfeindlich ist. Jetzt kannst du in deinen Denkprozess einsteigen. Liste auf, was dich stört, was du nicht mehr ertragen kannst. Das hilft, deinen Zustand zu manifestieren.

Die meisten Menschen sind Mörder.
Sie töten einen Menschen. In sich selbst.
Stanislav Jerzy Lec

Kaninchen kann man essen

Du erinnerst dich sicher auch an Momente in deiner Kindheit, in denen du Angst hattest, verlassen zu werden. Oder an das bange Schauen aus dem Fenster: Wo bleibt die Mutter? Wann kommt der Vater endlich wieder? Verlassen zu werden, sei es durch Fortgang oder Tod, erschien als das Schlimmste, was dir widerfahren konnte. Und du wusstest ganz genau, die Menschen, die du liebst, würdest du niemals verlassen!

Irgendwann jedoch sind wir erwachsen und es erscheint uns als das Selbstverständlichste von der Welt, dass unsere Eltern uns loslassen müssen. Wir verstehen nicht, warum sie das oft nicht können. Sie ängstigen sich, uns in die »feindliche« Welt abzugeben. Sie verlieren ihre Bestimmung.

Wenn wir meinen, unsere Bestimmung gefunden zu haben, dann haften wir daran wie zäher Kleister. Aber Kleister ist löslich, wasserlöslich sogar. Und auch für die härtesteten Klebstoffe gibt es Lösungsmittel.

Loslassen heißt, selbst zu fallen oder jemanden fallen zu lassen, und das ist wie ein schlimmes Verbrechen ... glauben wir.

Dabei besteht unser ganzes Leben aus Loslassen. Schon in der Kindheit werden wir damit konfrontiert.

Wir verlieren unseren Teddy im Zug, unsere beste Freundin zieht in eine andere Stadt, unser Wellensittich fällt plötzlich tot von der Stange.

Oder ein Beispiel aus meinen Kindertagen:

Mein Vater schlachtete ohne Vorankündigung mein Lieblingskaninchen Nicki. Viele Familien hatten in den Fünfziger Jahren auf dem Hof Kaninchenställe. Wir auch. Natürlich war mir klar: Kaninchen sind zum Essen da. Trotzdem hat ja wohl jedes Kind diese kuscheligen zutraulichen Langohren gern. Alle haben Namen, und immer ist eines der Liebling. Also, Nicki landete als leckerer Sonntagsbraten mit Thymianrahmsoße auf dem sonntäglichen Mittagstisch. Meine tränenerstickte Traurigkeit wurde verständnisvoll lächelnd hingenommen. Als Erklärung lieferte mein Vater mir folgenden Satz:

»Stallkaninchen sind Nutztiere. Es ist das Natürlichste von der Welt, einen köstlichen Braten daraus zu bereiten.«

Das sind Ereignisse, bei denen wir schon notgedrungen lernen müssen loszulassen.

Das Unglück und das Glück der Kinderjahre besteht gleichermaßen in nichts anderem als in der Eingeschlossenheit: und das heißt Ausgeschlossenheit von jeder Möglichkeit des Vergleichens.
Heimito von Doderer

Weil ich so traurig war, bekam ich das ganz zarte Brustfleisch. »Iss, damit Nicki nicht sinnlos gestorben ist.« Diesen Satz fand ich durchaus plausibel. Vegetariern wird sich jetzt der Magen umdrehen, aber ich habe brav gegessen. Bald schon gab es einen neuen Nicki für mich, und auch von dem musste ich wieder loslassen.

Gloria Viktoria

Auch Viktoria, gut betucht, weil reich geschieden, jammert alten Zeiten hinterher. Horst hatte sie wegen einer anderen Frau vor zehn Jahren verlassen. Noch heute erwartet sie von ihm den obligatorischen Rosenstrauß zu ihrem Geburtstag und auch am Hochzeitstag möchte sie in ein feines Lokal ausgeführt werden. Dem wäre gar nichts entgegenzusetzen, wenn denn aus dieser vergangenen Ehe eine Freundschaft geworden wäre. Davon kann aber keine Rede sein. Viktoria hat nicht begriffen, dass Horst ein neues Leben führt, zu dem sie garantiert nicht gehört. Denn es gibt die andere Frau, und die will Viktoria auf keinen Fall sehen.

Sie umschmeichelt ihn, kocht die alten Gerichte, die er früher so gern mochte, backt zu seinem Geburtstag seinen angeblichen Lieblingskuchen, kauft ihm immer noch Krawatten und Socken. Und Horst, behaftet mit schlechtem Gewissen, weil er sie ja damals verlassen hat, lässt sich das alles gefallen.

Viktoria hat sich nicht weiterentwickelt. Sie steckt wie eine hübsch eingepackte Praline in ihrem prächtigen Karton und wartet darauf, vernascht zu werden. Aber bitte nur von Horst! Sie droht mit Selbstmord, wenn er sie zu Weihnachten oder Ostern nicht besuchen will und täuscht lebensgefährliche Krankheiten vor, wenn er mit seiner Gattin in Urlaub fahren will.

Ihren Freunden und Bekannten hängen die schönen Geschichten von Horst wirklich zum Hals heraus. Niemand möchte zum hundertsten Mal die alten Familienfotos betrachten und die Urlaubsdias bewundern: Ach, das waren doch schöne Zeiten!

Niemand kommt mehr gern zu ihr. Viktorias Söhne absolvieren nur noch Pflichtvisiten. Der Vater ihrer Kinder ist zum Thema ihres Lebens geworden. Es gibt keinen anderen Gesprächsstoff. Horst will diesen Glorienschein gar nicht.

Warum macht er bei dieser Beweihräucherung mit? Kann er sich etwa auch nicht von Viktoria lösen?

Warum schaut Viktoria nicht in einen ihrer Kristallspiegel und sagt:

»Ich bin noch keine 60 Jahre alt. Ich sehe noch ganz passabel aus. Ich besinne mich auf meine Fähigkeiten. Ich bin wer, auch wenn mein Mann mich verlassen hat und ich alleine lebe. Ich habe das nötige Geld, um etwas zu bewirken. Gleich morgen fange ich an.«

Andere Frauen haben keine finanzielle Absicherung, aber kämpfen trotzdem darum frei zu sein, um noch etwas zu schaffen und zu leisten, Dinge zu tun, die sie sich immer schon erträumt hatten. Viktoria träumt nur von der Rückkehr ihres Exgatten.

Aber sie hat IHN verloren. Ihr ICH hat sie allerdings auch verloren.

Die glücklichen Pessimisten! Welche Freude empfinden sie, sooft sie bewiesen haben, dass es keine Freude gibt.
Marie von Ebner-Eschenbach

Das Mausoleum

Eine Bekannte, nennen wir sie Angela, deren Mann mit 50 Jahren plötzlich am Gehirnschlag starb, durchlebt seit über zwei Jahren grausame Verlustschmerzen. Sie kann ihn nicht loslassen! Angela hat Udos gesamte Kleidung aufgehoben. Immer noch hängen seine Anzüge im Schrank, als würde er morgen wiederkehren. In jedem Zimmer stehen mindestens drei Fotos von ihm, goldgerahmt, mit Seidenblumen umkränzt, von brennenden Kerzen umsäumt. Dem langjährigen gemeinsamen Urlaubsort in den Schweizer Bergen stiftete sie einen Gedenkpavillon mit seinem Namen. Die kleine Schiefertafel in der Küche hat sie nie abgewischt oder fortgepackt. Es steht: »Ich liebe dich« darauf. Die Kreideschrift wird immer unleserlicher. Angela ist verzweifelt, sie will die Schrift fixieren. Es ist sicher schön für sie gewesen, so etwas wundervolles zu lesen. Drei Worte, die viele Menschen ihr ganzes Leben niemals zu hören bekommen. Jedoch, so wie die Kreidebuchstaben langsam verblassen, so sollte auch Angelas Schmerz nachlassen, damit sie wieder normal leben kann. Normal leben kann sie allerdings nicht mehr. Mehr, als zu seinen Lebzeiten umgibt sie sich mit Dingen, die ihm gehört haben, die an ihn erinnern. Ihre Wohnung gleicht einem zerwühlten, labyrinthischen Mausoleum aus Erinnerungsstücken, ja man möchte sagen Reliquien.

Seit Udo tot ist, hat Angela sich in einen Messie verwandelt. Oh, what a mess! Das sind Menschen, die keine Ordnung halten können und sich langsam aber sicher zumüllen. Nichts wird mehr fortgeworfen, alles wird aufbewahrt. Angela kann sich von nichts trennen. Von Udo musste sie sich trennen. Udo hat sie verlassen, alleine gelassen.

Trauer braucht ihre Zeit. Aber wie viel Zeit? Angela kann nicht so leben, als wenn Udo gleich durch die Tür marschiert käme. Sie kann sich jedoch nicht vorstellen, ihn freizugeben, ihn loszulassen. »Ich habe ihm nicht mehr sagen können, wie viel er mir bedeutet hat,« weint Angela regelmäßig. Und genau das scheint ihr Problem zu sein. Sie hat noch etwas abzuarbeiten, abzubitten. Ihre Schuldgefühle führen dazu, dass sie sich nach wie vor an ihren Mann klammert.

Natürlich ist sie auch nicht offen für eine neue Beziehung, denn Udo schaut sie aus jeder Ecke des Zimmers an. Es käme ihr wie ein Betrug vor, säße ein anderer Mann in seinem Sessel. Bekommt sie doch Besuch, redet sie nur davon, mit welchen Blumen sie wieder sein Grab geschmückt hat und dass sie selbstverständlich wieder an den gemeinsamen Urlaubsort aus den Jahren zuvor reisen wird. In diesem Mausoleum mag sie niemand besuchen. Man möchte als Gast nicht ständig über Udos Lieblingsbücher stolpern oder seine Reisevideos vom Sofa schieben müssen. Sein Lieblinspullover hängt über der Lehne seines Fernsehsessels, auch seine Hausschuhe stehen davor. Es ist makaber und traurig zugleich. Angela vereinsamt, weil sie nicht loslassen kann und will. Und ihr Therapeut therapiert und therapiert. Ich gäbe etwas darum, einmal dabei sein zu dürfen, wenn sie eine Sitzung bei ihm hat.

Man kommt zu Schaden,
wenn man die Tatsachen übersieht.
Hermann Hesse

In früheren Zeiten glaubte man, die Seele eines Verstorbenen könne erst zur Ruhe kommen und Frieden finden, wenn man ihn loslassen kann.

Es ist schwer, sich in Angela hineinzudenken. Aber wie würdest du handeln?

Innerliche Abgrenzung

Sesam öffne dich – Ich möchte hinaus!

Ich bin schon mit 17 Jahren fortgegangen. Das war im Jahre 1968 sehr früh. Ich musste gehen, denn ich konnte es zu Hause nicht mehr aushalten. Meine berufliche Situation erlaubte es mir allerdings nicht, mir eine eigene Wohnung zu leisten, außerdem hätten meine Eltern mich nicht allein gehen lassen. Ich »musste« heiraten. Ich war schwanger. Bei aller Unruhe wegen meines Zustandes fühlte ich doch eine gewisse Genugtuung. Die Entscheidung hatte ICH getroffen! ICH hatte mich losgerissen. Ich war ihnen endlich entronnen. Es hätte sicher eine andere Möglichkeit gegeben. Damals sah ich keine. In diesem miesen kleinen Dorf, und ich völlig weltfremd! Ich wollte aufgehoben sein und diese Geborgenheit wollte ich nie mehr verlieren!

Gerade freigestrampelt aus einem Käfig, geriet ich sofort in den nächsten. Diesen Käfig hatte ich selbst gewählt. Ich verwechselte diesen neuen Zustand mit Befreiung. Vielleicht hatte ich sogar Angst vor zu viel Freiheit?

Meine kleine Familie versprach Schutz und Sicherheit. Vor allen Dingen sehnte ich mich nach Frieden. Ein Haus mit Garten, fröhliche Kinder, einen sorgenden Ehemann, ein bisschen Berufstätigkeit. Ich blieb über 20 Jahre. Zwei wundervolle Töchter hatte ich geboren, mein Mann verdiente recht gut, sah blendend aus. Wir wohnten fast mietfrei bei seiner Tante. Ich machte eine Lehre, studierte, wühlte im Garten, spielte mit meinen Kindern, gab Seminare, schrieb Songtexte, wurde sehr bekannt mit einem Buch und war doch zutiefst unzufrieden. Alles probierte ich, nichts jedoch erfüllte mich ganz. Mein Mann, dem ich sehr zugetan war, nahm Funktionärstätigkeiten an und erwartete meine Loyalität. Eine ziemlich lange Zeit versuchte ich mitzumachen und vernachlässigte meine Fähigkeiten, engte meine Träume ein. Im Haus dieser Tante fühlte ich mich zunehmend bespitzelt. Als ich nach 19 Jahren doch recht glücklichen Zusammenlebens entdeckte, dass er schon seit 3 Jahren eine Geliebte hatte, war mir augenblicklich klar, dass ich gehen wollte. Jedoch nach so vielen Jahren geht man nicht plötzlich. Es kann sich ja doch vielleicht noch alles einrenken. Hoffnungen. Diskussionen. Bitten. Flehen. Konzessionen! Konsens? Alles wird zur Anstrengung im täglichen Miteinander. Es wuchs in mir eine unbändige Lust auf ein eigenständiges Leben. Inzwischen hatte auch ich einen Geliebten. Wie du mir, so ich dir. Aber eine Trennung? Nein! So kurz vor der Silberhochzeit? Immer wieder redete ich mir ein: »Wir werden es schaffen!«

Wir schafften es nicht!

Was gab mir die Kraft nach fast 22 Jahren Ehe meinen ersten Mann zu verlassen? Wir waren glücklich gewesen. Gewesen! Aber als er mir nach unendlichen langen Aussprachen sagte: »Ich liebe dich nicht mehr so, wie ich dich früher geliebt habe«, da war mir klar: Weniger will ich nicht! Dann lieber gar nicht mehr. Eine Ehe wie meine Eltern mit ewigem Zank und Streit? Nein!

Ich war noch keine vierzig, hatte einen Beruf mit Aufstiegsmöglichkeiten. Der Wunsch, Geschäftsführerin zu werden, stand kurz vor der Erfüllung. Meine Töchter waren erwachsen. Was hielt mich auf? Konnte ich auch weiterhin ertragen, dass mein Besuch von einer alten Tante vorsortiert wurde? Sie entschied, wer ins Haus kam. Es war ja ihr Haus. Streite, Liebesszenen, Gemecker mit den Kindern, Getratsche mit meinen Freundinnen, alles bekam sie mit und wurde kommentiert. Sie mochte mich, aber irgendwie fühlte ich mich doch immer nur wie eine wohlgelittene Angeheiratete. Mein Mann, ihr Lieblingsneffe, war ihr Gott. Klar, dagegen wehrte er sich nicht!

Mein Mann hatte mir seine Kollegin als Geliebte vorgesetzt. Das konnte und wollte ich nicht verzeihen, zumal die Beziehung zu keiner Zeit aufgegeben wurde. Selbst als er mir versprach, das Verhältnis zu beenden, passierte nichts.

Wie habe ich das nur drei Jahre ausgehalten?

- Wir hatten eine temperamentvolle, fröhliche Beziehung gehabt. Das konnte ich doch nicht einfach fallen lassen!
- Natürlich zeigte er mir, dass er immer noch an mir hing. Das klopft einen weich.
- Unsere zwei gemeinsamen Töchter! Sie waren zwar inzwischen 21 und 17 Jahre alt, aber würden sie mir meinen Fortgang je verzeihen können?
- Ich nahm heimliche »Rache«. Ich nahm mir den schönsten Mann im Umkreis von 1000 Kilometern.
- Ich arbeitete wie eine Verrückte!

In jener Zeit war ich in meinem Beruf tätig und schrieb gleichzeitig an einem neuen Buch. Abends gab ich Kurse an Volkshochschulen und Familienbildungsstätten und textete in freien Sekunden Schlagertexte für eine damals sehr bekannte Gruppe.

Ja, dadurch hielt ich aus. Aber ich bewältigte meine Probleme damit nicht. Ich lenkte mich ab, indem ich mich in den Aktionismus stürzte.

Das kann eine ganze Weile gut gehen, aber dann habe ich losgelassen, weil ich zum Nachdenken gezwungen wurde.

Der Körper sagt einem, wann Schluss ist. Eine Nierenbeckenentzündung raffte mich nieder. Ich wurde vom Schicksal ins Bett gezwungen. Endlich hatte ich Zeit zum Nachdenken. Schmerzverzerrt krümmte ich mich auf meinem Lager. Diese Schmerzen waren schlimmer, als die heftigsten Geburtsschmerzen. Ich musste eine Entscheidung gebären. Die urplötzliche Erkenntnis, dass ich diese Schmerzen nur bekommen hatte, damit ich endlich zur Vernunft kam, machte mich stark. Als ich endlich wusste, was zu tun war, ging es mir allmählich wieder besser. Die Schmerzen ebbten ab, mein Kopf wurde klar. Ich rief meinen Mann an mein Bett und teilte ihm mit, ich würde ihn verlassen. Weinend kniete er an der Bettkante und flehte, ich solle bleiben. Ich blieb hart.

Ich war wieder zu Kräften gekommen. Meine Arbeit hatte ich wieder aufgenommen. Glasklar und mitleidslos mit mir und mit meinem Mann plante ich meinen Abgang. Sesam öffnete sich.

Noch heute kann ich mich an den Stand der Abendsonne erinnern, als ich im Schneckentempo die 700 m zu meinem nächsten Domizil fuhr. Im Kofferraum meines Autos befanden sich nur ein paar zusammengeraffte Kleider, in ein lindgrünes Bettlaken gebunden. Mein Fluchtlaken! Es kam noch öfter zum Einsatz.

Es war ein heißer Sommertag gewesen. Den ganzen Tag hatte ich gearbeitet, war nach Feierabend ins Haus meiner vielen Ehejahre gefahren, hatte meinem zukünftigen Exmann einen Brief aufs Bett gelegt und der ewig misstrauischen Tante ein Dankeschön für alles entboten. Und dann fuhr ich, ohne mich noch einmal umzuschauen, schnurstracks in meinen nächsten Käfig.

Es fällt ein Stern herunter
Aus seiner funkelnden Höh!
Das ist der Stern der Liebe,
Den ich dort fallen seh.
Heinrich Heine

Her mit dem Märchenprinzen!

Ja, das kam hinzu, ich war neugierig. Neugierig auf ein neues Leben. In meinem Kopf summten noch die Stimmen der War-

Die Neugier steht immer an erster Stelle eines Problems, das gelöst werden will.
Galileo Galilei

ner, als ich mit 17 heiraten wollte/musste:

»Du verlierst deine Jugend. Später wird es dir Leid tun, deine Jugendzeit verschenkt zu haben. Das wirst du nie wieder nachholen können.«

Ein langweiliges Leben hatten wir nicht geführt, auch kein unglückliches. Im Lauf der Jahre begann jedoch mein eigenes stolzes Ich zu schmelzen. Verwundungen, die wir uns zufügten, heilten nicht mehr so schnell oder gar nicht mehr. Warum sollte ich noch an meinem Mann kleben, wenn er sich doch schon innerlich von mir gelöst hatte? Es musste so sein, denn er hatte nicht die Kraft gehabt, sich von ihr zu trennen.

Gehen lassen wollte er mich nicht. Das erlaubte sein Stolz nicht. Mein Rest Stolz erlaubte mir, nicht mehr zu bleiben. Ich kann nicht verschweigen, dass ich glaubte, mich verliebt zu haben. Das machte meinen Abschied natürlich leichter. Ja, ich war wild darauf zu erfahren, wie das Zusammenleben mit diesem neuen Mann sein würde. Leider sind wir Frauen ja oft so gestrickt: Wir gehen nur, wenn der nächste Märchenprinz schon hinter der Dornenhecke lauert. Immer schön hinein ins vermeintlich sichere Schlösschen; und schon sind wir wieder hinter Schloss und Riegel!

Wenn ich heute, mit einigem Abstand, darüber nachdenke, weiß ich auch, warum ich so handelte. Selbstverständlich hatte ich mir ausgemalt, allein zu leben. Ich konnte es mir durchaus vorstellen, denn ich war ja direkt aus dem Elternhaus heraus weggeheiratet worden. Es würde mir gut tun, meine Situation zu beleuchten, um dann mein Leben endlich nach meinen Wünschen zu ordnen. Auch wenn ich die letzten zwei Jahrzehnte ziemlich unbeschwert gelebt hatte, so war das meinem Naturell zuzuschreiben. Ich war nicht unter der Last meiner Verantwortungen zerbrochen. Mein Leben richtete ich jedoch ganz nach meiner Familie aus. Es wurde Zeit, auch an mich zu denken.

Mich beschlich allerdings die Angst, ich könnte in einsamen Stunden zurückwollen zu Mann und Haus und Hund und Garten. Diese Schmach wollte ich mir ersparen. Wenn ich zu einem neuen Mann zog, wäre es nicht so einfach, das Laken wieder zu bündeln.

Dorte, einer meiner ältesten Freundinnen, las mir die Leviten. Sie konnte nur den Kopf schütteln über so viel Unverstand:

»Warum lebst du nicht erst einmal eine Zeit allein, um dich zu besinnen, deinen Abschiedsschmerz zu bewältigen, dein Leben zu ordnen?«

Ich war geknickt. Das hatte ich nicht hören wollen. Ich war ihr nicht böse, aber ich fühlte mich gemaßregelt.

Erst vor kurzem haben wir wieder darüber gesprochen, als wir meine zweite Scheidung feierten. Heute weiß ich, sie hatte damals genau den Punkt getroffen:

Ich ließ zwar meinen ersten Mann los. Ich ließ Haus und Garten und Kinder und Hunde und gemeinsame Freunde los.

In die Freiheit ging ich jedoch nicht. Ich ging in eine neue Beziehung. Wie spannend! Wie romantisch! Der Märchenprinz, der dich gelockt hat, kann selbstverständlich mit deinen Ablösungsschmerzen nichts anfangen. Wieso leidest du? Der Prinz ist ja da! Seinetwegen bist du gekommen. Du kannst ihm jetzt nicht jeden Abend den Pyjama nassheulen über deine »weggeworfene« Vergangenheit. Nur ein Heiliger steht das durch.

Egal, ob du dich einsam auf deiner Matratze wälzt oder der Mann aller Männer neben dir schnarcht. Du bist allein. Vor die Bilder der Vergangenheit kannst du symbolische weiße Vorhänge ziehen, immer jedoch lugt etwas Erinnerung hindurch. Du hast losgelassen, du bist überzeugt, es war richtig. Sei dir sicher, das Danach aushalten zu können. Es wird leichter, wenn du Erfüllung im Job hast, deine alten Freunde zu dir halten oder du neue Freunde gewinnst. Es wird auch leichter, wenn deine Eltern dich nicht enterben oder verfluchen und wenn deine Kinder noch zu dir stehen. Und es ist verdammt noch mal leichter, wenn dein Märchenprinz Feingefühl hat. Du fühlst dich verstanden und geliebt. Er hört dir zu, trocknet deine Tränen und lächelt verständnisvoll, wenn du versehentlich Hubert statt Rudolf sagst. Doch Rücksicht und Verständnis wird dir nicht garantiert! Es kann alles ganz schlimm kommen und du musst es trotzdem aushalten. Wenn du zu dir selbst stehst, an dich und deine Fähigkeiten glaubst und deine Entscheidung akzeptierst, dann kann dir nicht mehr allzu viel passieren.

Sehr viele und vielleicht die meisten Menschen müssen, um etwas zu finden, erst wissen, dass es da ist.
Georg Christoph Lichtenberg

Ekelpaket

Meine Freundin Bibi ging fort, obwohl zwei ihrer vier Kinder noch schulpflichtig waren. Zwei Töchter und zwei Söhne hatte sie von einem Mann bekommen, vor dem sie sich schon nach den ersten Ehejahren ekelte. Wir haben oft darüber gesprochen, wie so etwas möglich ist. Was veranlasst uns zu bleiben, obwohl wir krank werden? Bibi bekam schon Magenkrämpfe, wenn ihr Mann abends mit seinem Auto vors Haus fuhr. Die Vorstellung, sie müsse abends mit ihm ins Bett gehen, bereitete ihr unerträgliche Kopfschmerzen und Übelkeit. Wenn er zu Hause war, fühlte sie einen eisernen Ring um die Brust. Sie konnte nicht mehr atmen in seiner Gegenwart. Aus Ekel wurde Hass. Natürlich war sie für ihn eine frigide Simulantin, für die er auch noch einen Seelenklempner bezahlen musste. Einst hatte Bibi ihn geliebt, das glaubte sie jedenfalls oder wollte es glauben. Ich habe mir ihre Hochzeitsfotos angesehen. Bibi, eine strahlend schöne Braut. Groß und grazil, ihr dunkles Haar mit weißen Blüten geschmückt, steht sie mit blitzenden grünen Augen neben einem farblosen Hutzelmännlein mit stierem Blick. Wie konnte es dazu kommen, dass sich diese stolze Frau Jahre später vor Ekel schüttelt. »Ich fand ihn sehr lieb, damals vor unserer Ehe«, erklärte Bibi. Aha! Reicht das? »Na, er hatte halt so nette blaue Augen.« Aber schon kurz nach der Hochzeit änderte er sich total. Friedrich war Firmenchef und gewohnt zu befehlen. »Er behandelte mich, wie eine Untergebene. Ich gehorchte und funktionierte, bekam ein Kind nach dem anderen und litt zunehmend. Denn für mich blieb nichts, obwohl wir nach außen hin ein gutes Leben führten mit großem Haus und dickem Auto, Partys mit illustren Gästen. Aber ich war die Putze, die Jasagerin.« Es eskalierte. Der älteste Sohn geriet in die Drogenszene, die Mädchen hatten Probleme mit der Pubertät, der jüngste Sohn schwänzte die Schule. »Es hat mich einfach abgestoßen, wie verständnislos er war«, sagt Bibi. »Er brüllte nur mit den Kindern herum und machte mich für alles verantwortlich.« Bibis Mann hatte auch Probleme. Seine Firma stand kurz vor dem Konkurs. Zum Schluss verlor er alles. Bibi, seine vier Kinder und seine Firma. Immerhin hatte ihre Ehe fast zwanzig Jahre gedauert.

Bibi und ich haben so lange überlegt, weil wir Angst vor der Zukunft hatten. Würden wir doch eines Tages zurückwollen und reumütig zurückkriechen, weil die Einsamkeit nicht auszuhalten wäre oder die vergangene schöne Gemeinsamkeit uns ewig vor Augen stünde? Die glückliche Zweisamkeit, wunderschön, rosarot und strahlend glitzernd, ach, was haben wir verloren!!! Wir hatten natürlich die Befürchtung, wir würden vor der Macht der schönen Erinnerung zusammenbrechen. Nie mehr alte Fotoalben anschauen: Ach, unser herrlicher Urlaub in Spanien, die Kinder waren so unbeschwert. Und da, der zehnte Hochzeitstag. Wie liebevoll er mich im Arm hält! Jerrys erster Schultag! So ein hübscher Junge. Wie haben wir gebangt um ihn bei der Geburt!

Ja, davor haben wir wohl alle Angst. Es ist die Angst, unsere Erinnerungen wegschmeißen zu müssen! Die Angst, viele, viele Jahre umsonst gelebt, geliebt, gekämpft, und ausgeharrt zu haben. Was würde aus uns werden? Kann man mit vierzig Jahren von vorne anfangen?

Man kann! Es geht auch noch später!

DU entscheidest! Das macht dich stark!

Den Trennungsschmerz hältst du aus. Heule und jammere, wirf dich in die Arme deiner Freunde, lass dich bedauern. Aber dann ist Schluss. Mach weiter, geh deinen Weg. Du hast ein Ziel. Und dieser Weg zum Ziel ist das Schönste, was dir widerfahren kann. Alles wird neu und spannend. Auch wenn der Weg am Anfang beschwerlich ist. Das war er für meine alte Freundin Bibi. Sie wollte ihrem ältesten Sohn helfen, der in die Drogenszene geraten war, und ging zu einem Therapeuten. Was kann ich als Mutter tun? Sie, die sich in ihrer gesamten Ehezeit hatte kommandieren lassen und gehorcht hatte, lernte zum ersten Mal den Ungehorsam. Bibi widersetzte sich den Anordnungen ihres Mannes. Bibi wurde mutig und hatte Widerworte. Friedrich, total irritiert, tobte. Bibi stand das durch. Sie hatte den Rückhalt ihres Therapeuten, fühlte sich wohl in der Gruppe.

»Als ich eines Tages in Friedrichs Gesicht sah und mir bewusst wurde, diesen Mann würde ich töten können, da wusste ich, ich muss gehen, und zwar sofort.« Bibi schnappte ihre beiden jüngsten Kinder und zog aus. Sie nahm eine Arbeit an. Es war ihr egal, was. Sie ging putzen. Das war sie gewohnt. Ihre Kinder heulten Rotz und Wasser in der engen Bleibe. Friedrich drohte, sie verhungern zu lassen. Bibi stand das durch. Sie vermisste zwar ihren riesigen Garten und den Komfort ihres Hauses, aber übel war ihr nicht mehr.

Sie machte eine Fortbildung, besuchte Schulen und Seminare und avancierte zur Rechtsanwaltsgehilfin. Oft schleppte

Am Ziel deiner Wünsche wirst du jedenfalls eines vermissen: dein Wandern zum Ziel.
Marie von Ebner-Eschenbach

sie sich vor Erschöpfung nach Hause. Doch glücklich fiel sie abends ins Bett. Sie leistete etwas, hatte einen Beruf, bekam Lob von den Vorgesetzten, lachte mit ihren Kollegen. Und jetzt fühlte sie sich auch stark genug, ihrem drogenabhängigen Sohn zu helfen.

Karl, der Weise?

Es gibt auch noch Karl. Er ist schon fast achtzig Jahre alt und ein sehr gut aussehender, drahtiger Mann mit schneeweißen Haaren und vorbildlichen Manieren. Er war jahrelang mein Kunde, als ich noch meine Geschäfte hatte. Ab und zu lud er mich zum Essen ein und genoss die Gespräche über Kunst und Literatur. Nach und nach bekam ich auch etwas über seine Lebenssituation mit. Er hatte sich ein kleines Zimmer in der Kleinstadt gemietet, in der ich damals lebte und arbeitete. Karl wollte für seine drei Kinder und sieben Enkelkinder seine Lebenserinnerungen schreiben.

Zu Hause ließ ihm seine Frau keine Ruhe. Sie piesackte ihn mit ewigen Störungen, fand seine »Schmiererei« nutzlos. Er solle lieber den Rasen mähen, die Rosen beschneiden oder wenigstens das Geschirr abtrocknen. Muss jemand nach der goldenen Hochzeit, die ja meistens groß gefeiert wird, so erbärmlich leben? Er fand den Mut zur Ablösung, schrieb einen Sommer in seinem winzigen Zimmerchen und war glücklich.

Kurz bevor ich Feierabend hatte, kam er meistens noch einmal mit den fertigen Seiten, damit ich sie durchsehen konnte. Ich war sehr stolz auf das Vertrauen und nahm meine Aufgabe als Lektorin sehr ernst. Karl bedankte sich dafür mit riesigen

Rosensträußen, die mein Geschäft schmückten, und Pralinen und Kaffee für meine Mitarbeiterinnen. Er war immer gern gesehen und wir schätzten seine gepflegte Konversation. Und Karl fühlte sich göttlich jeden Tag »so viele schöne Frauen« anschauen zu dürfen. Er fühlte sich inspiriert und schaffte eine Menge in diesem Sommer. Ab und zu kam sein Sohn und half ihm bei Computerproblemen.

Jedoch – fünfzig Jahre Unverständnis gehen nicht spurlos an einem vorbei. Karl hatte einen Herzschrittmacher und kam allein mit dem täglichen Kleinkram in seinem Zimmerchen nicht mehr zurecht. Als der Herbst kam, kehrte er schweren Herzens zu seiner Frau zurück.

Und so ist er ihr ausgesetzt. Jeden Tag.

Sie hält ihn wie einen Hund. Bellt ihn an und stößt ihn herum.

Karl ruft mich manchmal an und sagt: »Es ist zu spät. Um allein zu leben, bin ich zu schwach, aber für ein Altenwohnheim zu agil.«

Letzteres wäre in der Tat auch völlig unvorstellbar. Und eine Scheidung? Bei einem seiner Kinder wohnen? Alles, was ich vorschlage, wird mit freundlichem Nicken registriert. Zum Ziel könne er nicht mehr wandern. Dafür sei das Herz zu schwach.

Karl hat jedoch nicht völlig resigniert.

»Eigentlich müsste ich in meinem Alter ja schon am Ziel sein«, sagt Karl. »Aber ich weiß, ich habe zu lange gewartet.

Ich bin ein schlechtes und zugleich gutes Beispiel für die Kunst des Loslassens. Als ich endlich losgelassen habe, war ich schon zu schwach, allein zurechtzukommen. Aber ich habe es einmal geschafft. Einen Sommer lang. Dieser Sommer gehörte mir. Und ich habe in dir eine Freundin gefunden, der ich mich anvertrauen kann. Das ist doch auch ein Geschenk.«

Was Karls Alltag betrifft, macht er sich nichts vor, belügt sich nicht selbst, weiß, er müsste mehr Abstand haben. Seinen

Trost findet er immer wieder im Schreiben. Er erschafft sich in Geschichten und Gedichten seine Wunschwelt. Ab und zu setzt er sich ins Taxi und besucht mich. Ich wohne jetzt weit fort, aber er macht sich auf den Weg. Er klagt nicht über sein Schicksal, sondern liest mir seine neuen Gedichte vor und bittet mich, seine Geschichten zu beurteilen. Er genießt die schöne Gegend, in der ich lebe, und freut sich einen Nachmittag lang seines Lebens.

Wenn er abends zurückkehrt, betritt er die Hölle auf Erden. Seine Frau ist wesentlich jünger als er. Sie wird ihn sicher überleben. Sollte er hundert Jahre alt werden, muss er noch zwanzig Jahre durchhalten. Wie soll ich ihm klar machen, dass es nie zu spät ist?

Karl erklärt mir aber, er mache es wie Hermann Hesse. Er flüchte sich ebenfalls nach innen. Er suche Flucht und Ausflucht in eine Ersatzwelt, in die »Splendid Isolation«, wie Hermann Hesse es nannte. Hesse ist nie vor der Wirklichkeit geflohen. Er überschritt die Wirklichkeit, wie Siegfried Unseld, der Verleger Hesses, über ihn sagt. »Denkend, träumend, dichtend zu nicht fixierten Horizonten.«

»Wir wollen heiter Raum um Raum durchschreiten.« Hesses Romanfiguren sind immer auf der Suche nach neuen Zielen, immer bereit zum Aufbruch, das Leben, das Menschsein »neu zu entwerfen.«

»Ich habe Mut zum Eigensinn – wie Hesse«, sagt Karl, »ich habe meinen eigenen Sinn. Meine Gedanken und Empfindungen gehören mir ganz allein. Ich teile sie nur mit Menschen, die mir wohl wollen, die ich mag oder ich vertraue sie einem Blatt Papier an. Ich plane und erträume mir fortwährend neue Welten, offene Wege. Dafür bin ich nie zu alt oder zu schwach. Meine Fantasie bleibt mir. Und die ist ver-

Damit das Mögliche entsteht, muss immer wieder das Unmögliche versucht werden.
Hermann Hesse

dammt farbig.« Mein Freund Karl blinzelt mich über seine Brille an und lächelt verschmitzt. Karl, der Weise.

Wo steht deine Wunschbank?

Mit Überzeugung bist du deinen Weg gegangen. Oder hast du dich treiben lassen? Auf jeden Fall landen wir nicht immer an unserem Wunschort. Wir werden nicht vom Universum irgendwo abgestellt und mit Gold berieselt. Das wäre ja auch sterbenslangweilig. Wie oft ist uns zum Trost gesagt worden: »Geld allein macht nicht glücklich.« Den völlig Mittellosen stellt diese Aussage nicht gerade zufrieden. Aber es ist schon so: Wenn wir keine Träume, Wünsche und Visionen mehr haben, gehen wir zu Grunde. Wie wundervoll ist es, endlich das lang ersehnte Kind im Arm zu halten, ein Grundstück am Meer gefunden zu haben, endlich Venedig sehen zu dürfen oder sich den roten Mantel aus dem Modeladen nebenan leisten zu können. Vielleicht hast du nach langem »Herumprobieren« auch endlich den Wunschpartner für den Rest deines Lebens gefunden. Glaubst du. Nach einer gewissen Zeit stellen sich Abnutzungserscheinungen ein. Der Lack beginnt abzublättern. Auch du bist nicht mehr die absolute Traumfrau für ihn. Ihr gebt euch keine Mühe mehr einander zu gefallen. Natürlich kannst du nicht beim ersten Streit deine Koffer packen und zu deiner Mutter ziehen. Und auch du würdest zutiefst verletzt sein, wenn dein Partner mit geschultertem Rucksack zu seinem Vater ziehen würde oder schlimmer: zu seiner Freundin.

Als ich meinen ersten Mann verließ und wenig später zu meinem Freund zog, meinte ich auch, ich könne mich an seine Eigenheiten gewöhnen. Ich hegte die Hoffnung, er würde mir zuliebe bessere Manieren annehmen. Herummäkeln und Nörgelei vermied ich. Es zerriss mich fast vor Scham, wenn wir ins

Restaurant gingen und er von seinem Teller fraß wie ein gieriger Steinzeitmensch. Nicht ein Kartöffelchen durfte ich stibitzen, keinen einzigen Bissen probieren. Wenn er fertig war, schnalzte er, knallte das Besteck neben den Teller und bohrte in den Zähnen. Dabei war er ein Einzelkind und musste nicht sein Futter vor vielen Geschwistern verteidigen. Er war ein gebildeter, studierter Mann mit musikalischen Veranlagungen. Seine Mutter hatte ihn gut erzogen. Auf meine Einwände antwortete er grinsend: »Mir schmeckt's eben, dann esse ich schnell.« Zu Hause war es genauso. Ich bemerkte an mir selbst, dass ich gemeinsame Mahlzeiten geschickt vermied. Das war nicht allzu schwer, da ich auch voll berufstätig war. So konnte mein Gatte Nr. 2 sich endlich wieder Pizza, Pommes und Coca-Cola »reinziehen« ohne meinen gesunden Gourmet-Fraß loben zu müssen. In dieser Zeit bin ich oft nach Feierabend zu meiner kleinen Bank im nahen Stadtwald gegangen. Ich nannte sie Wunschbank. Hier saß ich einige Minuten, um über meinen vergangenen Tag nachzudenken oder darüber, wie es mir jetzt erging. Natürlich habe ich mir nicht gewünscht: Lieber Gott, bitte mach, dass Jonas nicht mehr frisst wie ein Schwein. Ich bettelte auch nicht um mehr Zuwendung. Nein, ich begann langsam aber sicher, mir wieder ein anderes Leben zu wünschen. Ein Zimmer ganz für mich allein. Meine Möbel so stellen und arrangieren zu können, wie ich es wollte. Und keine schizophrene Töle, die regelmäßig auf meinen Lieblingssessel pisst! Soweit ich zurückdenken konnte, war es immer mein Traum gewesen, bei gemütlichem Licht in einem Sessel zu sitzen, um völlig ungestört in einem Buch zu lesen. Völlig ungestört. Das erschien mir das Erstrebenswerteste überhaupt. Als Kind bekam ich zu hören: »Lies nicht so viel, mach was Nützliches.« Oder: »Du verdirbst dir noch die Augen bei dem Licht.« Nicht viel später – ich war fast selbst noch ein Kind – hatte ich eine eigene Familie. Ich kann mich noch gut daran erinnern. Im schlimmsten Kinderlärm und Trubel und dem täglichen Sorgeneinerlei dachte ich oft: »Ich möchte wenigstens einmal einen Gedanken zu Ende denken können.« Meine Gedanken! Ja, auf meiner Wunschbank ging mir vieles durch den Kopf. Ich wischte meine Träume nicht weg, aber ich spürte, die Zeit war noch nicht reif. Wenn die Zeit gekommen war, wollte ich handeln. Und so blieb ich ganz ruhig und ertrug auch destruktive Begebenheiten und Vernachlässigungen. Ich wartete auf ein Zeichen. Irgendetwas würde geschehen und ich würde wissen, was zu tun ist. Im Nachhinein kommt es mir vor, als wäre ich eine aufmerksame Beobachterin gewesen. Ich registrierte und notierte. Ich nahm mir Zeit zum Nachdenken, Zeit, um Wünsche reifen zu lassen. Ich war überzeugt: Die Klarheit, was ich zu tun hätte, würde sich einstellen. Ich empfand mich als friedfertiges lebenslustiges Wesen. Wahrlich, ich hatte Besseres verdient. Meine Zeit würde kommen.

Suche auch du dir eine Wunschbank. Es kann ja auch ein Baumstumpf sein oder eine Kaimauer. Du kannst mit Gott sprechen oder einfach mit dem Himmel, dem Universum. Du kannst dich einem toten Menschen anvertrauen, den du geliebt hast. Formuliere deine Bedürfnisse, deine Träume, deine Wünsche. Du hast ein Recht dazu. Wenn du dir selbst wichtig bist, wirst du die Zeichen erkennen, wie du dein Leben zu ändern hast.

Leben, Geduld haben, arbeiten
und keinen Anlass zur Freude versäumen.
Rainer Maria Rilke

Erzwungene »Lösungen«

So sinnlos

Jahrzehntelang konnte meine Mutter nicht darüber sprechen.

Schlimmer noch, sie durfte nicht darüber sprechen. Sie hat ihren Verlustschmerz tief vergraben. Mein Vater wollte nichts davon wissen. Wie so viele Frauen hat auch sie ihren Mann im Zweiten Weltkrieg verloren. Ihren ersten Mann. Was ihr blieb, war ihr Baby – meine Schwester. Als ich an diesem Buch arbeitete, hatte ich lange nächtliche Gespräche mit ihr, um endlich zu erfahren, wie sie es geschafft hatte, loszulassen von der großen Liebe ihres Lebens.

»Es ist nicht möglich in solch schweren Zeiten in Lethargie zu verfallen«, sagte Anna »denn du musst dein Baby und dich selbst ernähren. Es bleibt kaum Zeit zur Trauer. Um dich herum ist Chaos. Die Bewältigung dieses Chaos kostet dich so viel Kraft, dass für Verzweiflung kein Platz ist. Ich musste funktionieren wie so viele Kriegerwitwen. Verarbeitet habe ich es bis heute nicht. Jetzt, da ich endlich über Herbert sprechen kann, endlich sagen kann, wie sehr ich ihn geliebt habe und wie inbrünstig ich mir gewünscht habe, dass dieser Mann wieder zu mir und seiner kleinen Tochter, deiner Schwester zurückkehren kann, jetzt kann ich immer noch genauso weinen wie 1944. Es tröstet auch nicht zu wissen, dass Millionen von Frauen dasselbe Schicksal erlitten. Aber es tut gut darüber zu sprechen, denn das habe ich nie gedurft. Herbert galt seinem Vater als ein ›Russenkind‹. Der glaubte, seine Frau habe es mit einem russischen Kriegsgefangenen 1916 gemacht, als er im Felde war. Das ganze Dorf schien es zu wissen. Demzufolge hatte Herbert auch eine harte Kindheit gehabt und war froh, mich zu finden. Ich kam unbelastet aus einem fernen Ort in dieses Dorf und ich liebte Herbert, wie er war. Und er war ein schöner Mann! Ich war so jung, er war meine erste Liebe und wir hielten uns ganz fest. Aber der Krieg hat ihn mir entrissen. Kanonenfutter. Wir hatten nicht viel Zeit, uns kennen zu lernen. Aber die Zeit, die wir miteinander verbracht haben, die war wunderschön und ich denke sehr gerne daran zurück.«

Da ist nichts, was auf ewig schwindet;
die Spuren bleiben allemal bestehen.
Drum glücklich, wer sie alsbald findet,
bevor sie in ihm selbst verwehen.
Peter Werner

Und als meine Mutter Anna endlich aussprechen konnte, dass Herbert einmal ein wichtiger Teil in ihrem Leben gewesen war und sie ihn nie vergessen würde, da endlich empfand sie nicht nur unendliche Trauer, nein, auch ein unbeschreibliches Glücksgefühl bemächtigte sich ihrer. Es war das Glück, ihn gehabt zu haben, auch wenn es nur ein flüchtiger Augenblick ihres Lebens gewesen war. Aber sie war einmal glücklich gewesen und dieses Glück hatte Spuren hinterlassen.

Wundervolle Zeiten – längst vorbei

Du hast schöne Zeiten gehabt. Vielleicht gehörte dir alles, was du dir jemals ersehnt hattest: Ein liebevoller Partner, ein gemütliches Heim, fröhliche Kinder, ein traumhafter Garten, ein erfüllender Beruf, aufmerksame Freunde. Was auch immer … Manchmal jedoch tritt etwas in dein Leben, auf das du nicht vorbereitet bist. Du haderst mit deinem Schicksal, willst nicht wahrhaben, was dir widerfahren ist. Du brauchst Trost in deinem Kummer. Du musstest etwas gehen lassen, was dir viel bedeutet hat. Damit willst du dich nicht abfinden. In unserer Zeit, in der viele Menschen Gott verloren haben und auf der Sinnsuche sind, ist es nicht leicht, einen Halt zu finden. Um zu vergessen, stürzen wir uns in neue Beziehungen. Die früheren Ereignisse sind noch nicht verarbeitet. Wir ziehen alte Muster in unser neues Leben herüber und belasten unseren neuen Partner damit, ja, fügen ihm sogar Schmerz zu, wenn wir ihn nicht einweihen.

Fritz, mein Vater, hatte vor dem Krieg ein gutes Leben in Pommern geführt. Er betrieb zusammen mit seinem Vater eine gut gehende Schneiderwerkstatt, besaß Haus und Garten und ein Segelboot auf der Oder. Die Ehe mit seiner Frau Katharina soll gut gewesen sein, und eine Tochter gab es auch. Sie hatte den gleichen Vornamen wie ich.

Mein Vater musste in den Zweiten Weltkrieg ziehen, aber er kehrte heil zu seiner Familie zurück. Nach Pommern, in die Stadt Stettin. Alle waren wieder beisammen, ein wahres Glück, und die Familie versuchte sich durchzuschlagen. Die kleine Tochter meines Vaters war inzwischen sechs Jahre alt. In ihrem Leben hatte es nur Krieg gegeben. Sie war 1939 geboren.

Es war Mitte Oktober 1945, als marodierende polnische Truppen die Stadt überfielen und die Häuser plünderten. Vor den Augen meines Vaters und Großvaters erschossen die Plünderer Katharina und die kleine Barbarina. Meine Großmutter blieb mit einem Lungenschuss am Leben. Was genau geschah, konnte nie geklärt werden, und ich kenne auch nur diese Fakten. Über Einzelheiten konnte mein Vater bis ans Ende seines Lebens nicht sprechen. Aber dieses grausame Ereignis ließ ihn niemals wieder los, niemals. Meine Mutter Anna sollte Trost spenden. Denn gleich nach der Flucht aus Pommern lernte er meine Mutter in Norddeutschland kennen und heiratete sie sofort. Er wollte vergessen, die schrecklichen Bilder aus seinem

Kopf vertreiben. Aber auch Anni hatte ihren Schmerz über ihren in Russland gefallenen Herbert. Und so trafen sich zwei, die ihren Schmerz nie zusammen bearbeitet haben: Anni und Fritz. Jedoch der erste Partner im Leben meiner Eltern blieb immer der richtige, der einzig wichtige. Fritz feierte nie den gemeinsamen Hochzeitstag mit Anni, denn der richtige Hochzeitstag, das wäre ja der Tag der Eheschließung mit Katharina gewesen. Und Anni sehnte sich nach der verständnisvollen Zärtlichkeit ihres Herbert. Die traurige Vergangenheit ließ beide ihr ganzes Leben nicht los und sie quälten sich mit der Frage, wer mehr zu leiden hatte. Zu keiner Zeit haben sie es vermocht, sich zusammenzusetzen und gemeinsam zu weinen. Die schönen rosigen Zeiten im herrlichen Stettin an der wundervollen Oder wurden zu jeder Zeit heraufbeschworen. Das Jetzt und das Später waren nicht wichtig. Es war ja sowieso alles kaputt. Man überlebte und gönnte sich ein bisschen, wenn man konnte, und das war wenig genug. Das richtige Leben jedoch, das war vorbei.

Wie ich es geschafft habe, als Nachfolgekind der Barbarina Nr. 1 ein einigermaßen fröhlicher Mensch zu werden, grenzt für mich heute noch an ein Wunder. Vielleicht hat es damit zu tun, dass mein Vater mich schon ganz früh in diese Geschichte einweihte und mir Fotos zeigte. Mit mir mochte er darüber reden. Ich spürte auch keine Eifersucht. Denn ich lebte! Aber das kleine weißblonde Mädchen auf dem Bild war tot. Außerdem hatte ich dunkle Haare und braune Augen. Ich war einfach ein anderer Mensch. Fritz kann Barbarina Nr. 1 ja auch kaum gekannt haben, denn er war die ganzen sechs Jahre ihres Lebens im Krieg gewesen. Ich bin fest davon überzeugt, dass meine Eltern sich besser verstanden hät-

Die alten bösen Lieder,
die Träume schlimm und arg,
die lasst uns jetzt begraben,
holt einen großen Sarg.
Heinrich Heine

ten, wenn sie sich einander anvertraut hätten. Sie hätten sich nicht an das alte schöne Vergangene geklammert, sondern gemeinsam Hand in Hand versucht glücklich zu werden. Es wäre nicht einfach geworden, diese absolut furchtbaren Kapitel in ihrem Leben zu bearbeiten und loszulassen, aber es hätte sich gelohnt.

Du bist schädlich

Die Spielgefährten unserer Kindertage, an denen hängen wir besonders. Unvorstellbar für uns, dass sie uns eines Tages verloren gehen könnten. Oft sind sie uns der einzige Halt und Trost, die einzige Ablenkung, wenn es Zoff und Unfrieden zu Hause gibt. Betrügt und belügt uns der beste Freund, die liebste Freundin, bricht für uns eine Welt zusammen. Wir zanken und streiten uns auch mit Ihnen. Sehr heftig sogar. Niemals wieder wollen wir uns vertragen! Aber am nächsten Tag ist alles wieder gut.

Als ich zum ersten Mal heiratete, war natürlich meine beste Freundin dabei: Margret! Mit ihr hatte ich meine gesamte Kindheit verbracht. Wir wohnten in einem kleinen Dorf schräg gegenüber. Jede Sekunde mit ihr war kostbar, denn sie hatte sechzehn(!) Nichten und Neffen. Und auf irgendeine lästige rotznasige Göre musste sie immer aufpassen.

Obwohl ich ja blutjung in die Ehe ging, waren doch einige meiner Schulfreundinnen grün vor Neid. Das fiel mir auch bei Margret auf, die eher ein Mauerblümchen war, jedoch keineswegs ein unansehnliches! Meine erste Tochter kam wenige Monate nach der Heirat zur Welt. Zum Beschauungsbesuch von Aglaia brachte Margret dann schon den Mann ihres Lebens mit. Es prangten bereits Verlobungsringe an den Ringfingern. Dieser Typ – ich habe seinen Namen selbstverständlich vergessen –

hielt die ganze Zeit ihre Hand fest. Es war absolut kein Händchenhalten. Er führte das Wort, obwohl er mich nicht kannte. Margret traute sich kaum, mein Baby zu bewundern. Sie stellte auch keine vertraulichen Fragen, wie es unter Freundinnen üblich ist. Als ich ihr sagte, sie habe sich sehr verändert in der kurzen Zeit, trafen mich seine strafenden Blicke. In kurzen schnappenden Sätzen wurde mir ihre Zukunft mitgeteilt: »Wir werden noch in diesem Monat heiraten und natürlich dieses beschissene Dorf verlassen.« Margrets ganze Verwandtschaft könne man doch in die Tonne treten. Alle hätten sie immer nur ausgenutzt. Sie wäre immer das Kindermädchen gewesen und hätte sich nie gewehrt. Die Hochzeit fände in seinem Heimatort im Ruhrpott statt. Ganz klein. Nur mit seinen Eltern und seinem Bruder. Von nun an würde er auf sie aufpassen.

Ich schluckte und sah Margret an. Sie nickte nur und deutete ein Lächeln an.

Am nächsten Tag rief ich sie an und teilte ihr mein Befremden mit. Aber sie sagte kaum etwas. Ihr zukünftiger Mann soufflierte aus dem Hintergrund, riss ihr dann den Hörer aus der Hand und schimpfte, ich solle sie nicht belästigen mit meinen »guten« Ratschlägen, ich sei ein schädlicher Umgang für seine zukünftige Frau. Verzweifelt schrieb ich ihr einen Brief. Am übernächsten Tag klingelte Margret an unserer Haustür. Eintreten wollte sie nicht. Sie wolle mir nur sagen, es sei aus mit unserer Freundschaft. Ich hätte einen schlechten Einfluss auf sie. Entsetzt bat ich um Klärung und versuchte sie ins Haus zu ziehen. Aber dieser Gatte in spe tauchte bei der Gartenpforte auf und brüllte:

»Sag ihr, du willst sie nie wiedersehen!« Und zu mir: »Keine Briefe, keine Telefonate. Keinerlei Kontakte. Sie ist ab sofort für dich gestorben!« Er machte eine fordernde Handbewegung, und Margret verschwand für immer aus meinem Leben.

Viele Tage und Nächte weinte ich um sie. Ich versuchte, mich damit zu trösten, sie würde sich bestimmt irgendwann heimlich bei mir melden. Dann wieder marterte ich mich mit dem Gedanken, ich müsste sie aus den Klauen dieses Ungeheuers retten. Aber wie?

Ich hatte nicht nur meine Jugend verloren durch meine frühe Heirat, ich hatte auch meine Kindheit verloren durch den Verlust meiner besten Freundin.

Was war eine Freundschaft denn wert, wenn sie so bitter zu Ende gehen konnte?

Jahrelang hatte ich Schuldgefühle. Vielleicht hatte ich ja doch etwas falsch gemacht bei dem Besuch? Ich hatte mal wieder meinen Mund nicht halten können, hatte mal wieder gute Ratschläge geben müssen. Warum hatte ich sie denn nur mit Briefen bombardiert? Die kamen ja doch alle zurück.

Kontaktarm war ich keineswegs, jedoch Margrets Platz blieb unbesetzt. Ich konnte sie erst loslassen, als ich sie nach 20 Jahren bei einem Klassentreffen wiedersah. Wie eine Marionette bewegte sie sich. Sie sprach nur, wenn sie gefragt wurde. Ohne Gefühlsregung antwortete sie wie ein Automat. Ja, es war beinahe so, als wenn sie mich gar nicht erkennen würde! Es packte mich kaltes Schaudern wie in einem Geisterfilm. Erst danach konnte ich Margret loslassen und war wieder frei für eine neue Freundschaft unter Frauen.

Manches, was uns verstößt,
tut hinterher,
wenn wir vorüber sind,
ratlos die Arme auf.
Denn es gibt keinen Lauf zurück.
Alles hebt uns hinaus,
und das spät offene Haus
bleibt leer.
Rainer Maria Rilke (1924)

Sie lebte bereits in Scheidung. Aber das erfuhr ich erst von ihrer Mutter, die ich wenig später traf. Meine alte Freundin aus meinen Kindertagen war während ihrer Ehe zu einer Maschine geworden. Ich bedauerte sie, aber ich war auch wütend, dass sie mich aufgegeben hatte. Das war sehr bitter, aber heilsam!

Wenn nichts mehr geht …

Lange habe ich überlegt, ob ich die Lösung, die Konni gewählt hat, in diesem Buch unterbringen sollte. Es hat mit mir zu tun und doch wieder nicht. Es gibt so grausame Dinge, die verkapseln wir bis an unser Lebensende in unserer Seele. Eine Verdrängung scheint uns erträglicher, als eine Auseinandersetzung. Vielleicht erhebt sich unsere Seele bei unserem Tod, irrt oder ruht im Universum und sucht sich eines Tages einen neuen Körper. Wer weiß …

Wenn ich am Strand der Ostsee stehe oder mit einem Schiff auf ihr fahre, dann unterhalte ich mich mit Konni. In meiner Vorstellung schwebt seine Seele über diesem Meer, in dem seine Asche versenkt wurde. Es gibt Momente, da bin ich sogar zornig auf ihn, weil er sich seiner eigenen Existenz so wenig verantwortlich gefühlt hat.

Es ist eine so tragische Geschichte, an der auch ich nicht unbeteiligt bin. Ja, am Anfang fühlte ich mich schuldig an seinem Tod.

Wie soll ich nur beginnen? Konnis Ehefrau war die Geliebte meines ersten Mannes. Deshalb hatte ich mich nach langen Kämpfen aus dieser Ehe gelöst, denn es war nicht nur eine kurze Episode zwischen den beiden gewesen, sondern eine jahrelange Beziehung, die Konni und ich nicht wahrgenommen hatten. Wahrscheinlich, weil wir es nicht wahrhaben wollten. Als ich es dann doch entdeckte und fortging, veränderte ich mein Leben so total, dass ich nicht Zeit und Muße fand, alte Bekannte zu informieren. Konni wollte ich in Ruhe lassen. Damals fand ich es grausam, ihn vollständig aufzuklären. Er war fünfzig und zum zweiten Mal verheiratet. Ich wollte ihn schonen. Außerdem war ich sehr damit beschäftigt, mein neues Leben zu ordnen. Eines Tages jedoch, es mochte wohl ein Jahr vergangen sein, besuchte er mich. Ich kann mich nicht mehr erinnern, von wem die Initiative ausging. Jedenfalls saß Konni todunglücklich auf meinem Sofa und war am Boden zerstört. Seine Frau hatte ihn vor die Tür gesetzt, hatte ihn richtig hinausgeworfen.

Konni hatte sich ein Zimmerchen genommen und hoffte auf Rückkehr ins gemeinsame Haus.

Da liefe wohl etwas mit meinem Exmann, deutete er vorsichtig an. Aber eigentlich könne er es sich nicht vorstellen. Schließlich sei man doch befreundet. Seit Jahren. Ich atmete tief durch, bevor ich ihm endlich die ganze Geschichte erzählte. Konni sagte minutenlang kein einziges Wort. Starr blickte er auf das Teppichmuster. Aus seinen Augen fielen Tränen, so groß und schwer wie Zuchtperlen. Im Grunde hatte er diese schonungslose Geschichte nicht von mir hören wollen. All seine Hoffnung, es könne sich doch noch einrenken, war mit einem Mal dahin. »Das ist meine zweite Ehe, die kaputtgeht«, weinte er, »und das Schlimmste ist, meine Frau betrügt mich mit meinem Freund.« Ich hatte meinem Ablösungsschmerz schon hinter mir und sagte nur: »Du musst sie jetzt loslassen. Sie hat dich schon lange losgelassen. Die beiden haben uns beide schon lange losgelassen.« Wir weinten lange gemeinsam und ich musste mir den Vorwurf anhören, warum ich ihn denn nicht schon früher eingeweiht habe. Plötzlich stand er auf und verabschiedete sich flüchtig. Ich blieb gedankenverloren zurück. War es richtig gewesen, ihn einzuweihen? Aber er war ein erwachsener Mann. Er musste sich die Scheuklappen herunterreißen! Wenig später kehrte Konni in mein Haus zurück und sagte ganz ruhig:

»Ich habe soeben deinem Exmann, dem Liebhaber meiner Frau, ein paar Zähne ausgeschlagen.«

Von da an machte ich mir keine Sorgen, weil ich annahm, er habe kapiert und sich abreagiert. Er meldete sich auch ab und zu telefonisch und teilte mir seine Fortschritte im Alleinleben mit. Außerdem schien es ihm Auftrieb zu geben, dass seine Tochter aus erster Ehe einen kleinen Sohn bekommen hatte. Er war zum ersten Mal Großvater geworden! Weihnachten wollte er hinreisen und seinen ersten Enkel auf dieser Welt begrüßen. Nach Weihnachten würde er sich bei mir melden.

Ich hörte jedoch nichts von ihm.

Das neue Jahr war schon eine Woche alt, als seine Tochter sich bei mir meldete. Sie hatte vor wenigen Stunden ihren Vater mit aufgeschnittenen Pulsadern in seiner Badewanne gefunden. Er hatte in der Silvesternacht seinem Leben ein Ende gemacht. Die Polizei hatte die Tür aufbrechen müssen. Die Tochter hatte nach dem Weihnachtsbesuch nichts mehr von ihm gehört.

Diesen grausamen Anblick würde sie niemals vergessen. Und niemals verzeihen.

Sein Abschiedsbrief war kurz: »Ich schaffe es doch nicht!«

Auf weitere Erforschungen in Sachen Leben legte er keinen Wert mehr. Dieser Erdball war ihm zur Falle geworden. Konni hatte sein Problem gelöst.

Ich spreche mit Konni, wenn ich an der Ostsee stehe. Seine Art des Loslassens muss ich akzeptieren. Er konnte sein eigenes stolzes Ich nicht wiederfinden.

Manchmal muss man verstummen,
um erhört zu werden.
Stanislaw Jerzy Lec

Erich Fromm sagt dazu: »Es ist die Energie ungelebten Lebens, die sich in eine Energie umwandelt, die auf Zerstörung des Lebens ausgeht.«

Cornelius auf Wolke Null

Auch Cornelius hat sich selbst getötet, aber er hat keinen Selbstmord begangen. Er starb, weil er nicht loslassen konnte von Süchten und Sehnsüchten. Unbelehrbar rammte er in seiner Biografie herum. Etwas ganz Großes wollte er machen.

Natürlich nach »Down under« gehen und Kängurus »ausstopfen« oder wenigstens in Kanada ein paar Bäume »umhauen«. Als ältester Sohn eines Kleinstadtgeschäftsmannes sollte er mal den Laden übernehmen. Frühzeitig als Thronfolger abgestempelt fühlte er sich »sauschlecht«. Diese Vorprogrammierung empfand er als Zwang, sie unterdrücke seinen Sinn für das Außergewöhnliche. Was er auch anpackte, Cornelius kam aus dem Dunstkreis seiner Eltern nie heraus. Alle Versuche, sich beruflich anderweitig zu etablieren, scheiterten. Sein Vater musste ihn immer wieder auffangen. Das tat der Erzeuger auch gerne, denn er wollte ja, dass seine Firma vom Filius weitergeführt würde, »wenn es mal so weit ist.« Cornelius verfügte auch über eine gehörige Portion Wissen, und sein unverwechselbarer, manchmal etwas grober Charme gefiel vor allem der weiblichen Kundschaft. Natürlich kam es immer häufiger zu Eskalationen, denn Cornelius wollte Mitbestimmung in der Firma, die er einmal führen sollte. Dem Sohn jedoch die volle Verantwortung zu überschreiben, das kam nun wirklich noch nicht in Frage! Man sei ja noch rüstig. Cornelius war inzwischen 39 Jahre alt. Diese fatale Symbiose findet sich immer wieder in Familienbetrieben. Cornelius hatte sein Auskommen, mit den Eltern ging es bis auf kleine Streitereien so leidlich. Warum also sollte er in »die Eisen steigen«? Dazu war doch immer noch Zeit! Man musste nur den richtigen Kumpel finden, der mitzieht. Alleine aufzubrechen, dazu hatte er nämlich keinen Bock. Seine Kumpels heirateten und produzierten Nachkommen, bauten Häuschen und pflanzten Bäumchen. Es passte nie – und man muss ja auch genug Kohle übrig haben. Die Kohle brauchte er allerdings für Shit und Alk. Diese fatale Mischung nahm er seit seinem fünfzehnten Lebensjahr zu sich. Und hin und wieder hatte er böse Ausfallserscheinungen. Einen Führerschein besaß er schon lange nicht mehr. Auch seine Freundinnen, die allesamt seine Zuwendung und Zärtlichkeit schätzten, bedauerten irgendwann und sprangen ab. Unter dem Ladentresen stand immer eine angebrochene Miniflasche Sekt und einmal in der Woche hatte er einen dringenden Termin. Sein Dealer brachte eine neue Lieferung. So geriet er in den bekannten Teufelskreis, beweinte seine Süßen, versprach mit dem ganzen Mist aufzuhören, legte sich weiterhin mit seinen Eltern an und träumte immer noch vom Aussieland. Aber weder war er in der Lage, sich von seinen Eltern zu trennen – das regelmäßige Gehalt war ja so bequem –, noch schaffte er es, in den Entzug zu gehen. »Ich bin ja nicht richtig süchtig. Ich kann ja jederzeit aufhören.« Eines Tages im Winter half er einem Kumpel beim Umzug. Nicht mal für diesen Tag hatte er sich enthalten können. Voll gepumpt mit Bier und Gras fiel er von der Laderampe des Möbelwagens, eine kippelnde Kommode fiel hinterher. Cornelius hatte sich mehre Rippen gebrochen. Mit zusammengebissenen Zähnen kam er zur Arbeit, ins Krankenhaus wollte er dagegen nicht. Es war ja klar, warum. Dort gab es keinen Drogennachschub. Als die Schmerzen unerträglich wurden und die Rippen schief zusammenwuchsen, blieb ihm nichts anderes übrig, als sich behandeln zu lassen. Nach drei Tagen flüchtete er bei Nacht und Nebel aus seinem Krankenzimmer. Er war zu feige gewesen, den Ärzten zu sagen, was er brauche. Seinen Dealer fand er nicht. In seiner Verzweiflung brach er in die Wohnung seiner Eltern ein, um wenigstens ein bisschen Alkohol zu tanken. Dabei schnitt er sich die Hände auf und spießte sich bei einem Sturz über den Gartenzaun seine lädierten Rippen in die Lunge. Nachbarn fanden ihn. Krankenhaus. Intensivstation. Seine Freundin Billa besuchte ihn und horchte, was er ihr mit brechender Stimme noch zu sagen hatte: »Ich kann nicht den Planeten wechseln, wohl aber ihn verlassen. Meine Seele wird jedenfalls diesen Planeten verlassen. Meine sterblichen Überreste werden auf ihm verscharrt und kommen vielleicht nach Tausenden von Jahren wieder an die Oberfläche, um die kommenden Generationen zu verwirren. Oder sie zerfallen zu Humus für mein Marihuana.« Er lachte noch einmal bitter auf. Wenige Tage danach fiel er ins Delirium tremens, stürzte aus dem Bett und versuchte erneut zu flüchten. Jetzt erst erkannten die Ärzte das wahre Problem, obwohl seine Freundin mehrfach darauf hingewiesen hatte. Es nützte nichts mehr. Der erneute Sturz hatte die Lunge vollends beschädigt. Drei Tage später war er tot. Ein elend abgemagertes jämmerliches Menschenwesen.

Familienabhängigkeit und Drogensucht hatten ihn zu einem willenlosen Stück Treibholz gemacht. Hätte er sich von der bequemen Familienversorgung gelöst, hätte er sich freigemacht vom Willen seiner Eltern, hätte er es geschafft, den Drogen zu entsagen, hätte er von allem losgelassen und den Mut gehabt, neu zu beginnen … hätte, hätte, hätte …

Ich kann meine Träume
nicht fristlos entlassen.
Ich schulde ihnen noch
mein Leben.
Frederike Frei

Aber er hat nicht. Er ist mausetot. Ab und zu schickt seine Freundin Billa einen Gruß in den Himmel, wenn ihr mal wieder einer seiner blöden Sprüche einfällt. Dann sagt sie: »Du verdammter Idiot, da oben gibt's keinen Shit, kein Bier, keine Frauen. Verstehst du das unter Neubeginn, indem du die Erde loslässt?«

Von Wunschträumen loslassen

Aglaias Wahrheit

Als meine große Tochter Aglaia mir mit 16(!) Jahren am Esstisch mitteilte, sie würde jetzt öfter bei ihrem Freund übernachten, machte ich erst einmal eine kleine Atempause.

Ich fragte natürlich warum und bekam eine erstaunliche Antwort: »Hier bei uns liegt etwas in der Luft, das Steven und mir Unbehagen bereitet.« Selbstverständlich war ich wie vom Donner gerührt. Was meinte sie damit?

Dieser Aktionismus, diese Unruhe, kein gemütliches Zuhause mehr. Aha. Ich war beleidigt. Erbost warf ich ihr vor, sie wolle doch nur ihr kuscheliges Kleinmädchenheim behalten. Aber im weiteren Verlauf des Gesprächs mit Aglaia wurde mir klar, was sie meinte und was ich jahrelang nicht bemerkte: Unser Heim war keine heile Welt mehr! Zwangsläufig registrierten die Töchter Missklänge in meiner Ehe. Ich konnte ihnen nicht die immer glückliche Mutter und Ehefrau vorspielen. Ich, die Vertuscherin von Unebenheiten. Ich, die Schönwäscherin des Familienschmutzes. Ich, die fröhliche Animateurin bei Festen und Feiern. Ich musste endlich Farbe bekennen. Aglaia hatte es endlich ausgesprochen. Ich hatte mich von einer Vorstellung zu lösen, von einem Erscheinungsbild, von einem schönen Gemälde! Wir waren keine heile Familie mehr. Die wunderbaren Farben begannen abzuplatzen. Und dann das Grausamste, als Aglaia sagte, in Stevens Familie würde es auch Unstimmigkeiten geben. Aber ihr sei handfester Zoff und ausgesprochene Probleme lieber, als dieses Theatergespiele zwischen mir und ihrem Vater.

Es brauchte einige Zeit, bis ich diese schonungslose Ehrlichkeit verkraftet hatte und ich mich gedanklich auf diese neue Schiene einstimmen konnte.

Aglaia war im Grunde die erste, die es mir bewusst machte.

Meine ganze Kraft, meinen ganzen Willen hatte ich daran gesetzt, eine glückliche Ehe zu führen. Die Vorstellung, dass es mir nicht gelungen sein sollte, versetzte mir einen großen Schock. Ich fühlte mich noch immer eins mit meinem Mann und bekämpfte alle, die ihn kritisierten. Indem ich ihm versuchte den Rücken zu stärken, war er schon weitergegangen. Zwar drehte er sich immer noch um und schaute, ob ich auch folgte, doch ich folgte nur noch widerstrebend. Seine Vorstellung vom Leben zu zweit entsprach schon lange nicht mehr meinen Wunschträumen. Ich hatte eigene Interessen und berufliche Ambitionen. Er verwehrte sie mir nicht, aber es gab doch oft Dispute, weil ich seine Ideale nicht mehr zu meinen erklärte. Seine zusammengestrickte Lebensphilosophie schien mir nicht nachahmenswert.

Wir waren auf dem Weg, uns langsam voneinander zu entfernen. Dabei spielten wir unseren Töchtern unbewusst eine Komödie vor, oder besser eine Tragödie.

Erst habe ich gemerkt, dass es so ist – und dann habe ich verstanden, warum es so ist – und dann habe ich begriffen, warum es nicht anders sein kann. Und doch will ich, dass es anders wird.
aus dem Sudelbuch von Kurt Tucholsky

Ich hatte mich von diesem schönen Ehegemälde zu lösen!
Und ich brauchte Jahre dazu, mir selbst einzugestehen:
Mein Lebensbrei schmeckt mir nicht mehr!

Ein wirklich toller Typ

Wunschvorstellungen, wie unser Leben aussehen sollte, haben wir alle. Wer keine Wunschträume hat, dem entgeht ein ganz wichtiger Teil seines Lebens. Nur wer sich noch etwas wünschen kann, ist auch fähig, etwas zu erreichen. Nur leider werden die Wünsche sehr oft zu verbohrten Sehnsüchten. Mit aller Gewalt wird das Glück herbeigeredet, man wird blind, übersieht wichtige Nebensächlichkeiten. Ein von Wunschvorstellungen beherrschtes Leben kann zu Objektivitätslosigkeit führen. Und das Klammern ans vermeintliche Glück wird für kritische Beobachter sogar peinlich. Wie soll ich reagieren, wenn ich sehe, wie eine Freundin höchstwahrscheinlich ins Unglück läuft? Sie warnen? Ja, das ist wohl selbstverständlich, wenn man sich gut kennt. Aber bei einer verbohrten Verliebtheit ist das mehr als schwer. Da muss es erst zur Eskalation oder grenzenlosen Enttäuschung kommen.

Ent-Täuschung!

Ella, eine gute Bekannte von mir, wollte unbedingt wieder heiraten, und ihre achtjährige Tochter Lene wünschte sich sehnlichst einen Vater. Eine Familie sein. Ein verständlicher Wunschtraum. Ella hatte schon einige Illusionszerstörungen hinter sich. Die meisten Bekanntschaften waren durch Vermittlung eines Heiratsinstituts erfolgt. Da sie ein kleines Häuschen besaß und eine viel gefragte Heilpraktikerin war, glaubten die Männer offenbar, sie könnten ihr Schäfchen bei einer gut situierten Frau ins Trockene bringen. Wirklich schon etwas zwanghaft schielte Ella nach Männern in ihrem Alter. Schön brauchten sie nicht zu sein, aber erfolgreich! Sie wollte sich nicht mehr so abschuften müssen!

Leider waren es immer Nieten. Und die kleine Lene hatte langsam keine Lust mehr auf einen neuen Papi. Ella ließ nicht locker. Endlich fand sie eine viel versprechende Anzeige in einer esoterischen Zeitschrift:

Blendend aussehender Mittvierziger.
Erfolgreicher Geschäftsmann mit eigenem Gestüt. Mehrere Firmen im Ausland, sportlich, weltgewandt und mehrsprachig, sucht die Frau für ein gemeinsames glückliches Leben. Kinder erwünscht. Heirat gern.

Ella kam freudestrahlend mit dieser Anzeige in mein Geschäft und teilte mir auch sogleich mit, sie habe schon mit ihm telefoniert. Er heiße Hubert und er würde morgen bereits kommen. Sie hätten schon geturtelt am Telefon. So eine sympathische Stimme! Sie hätten beide eine Wellenlänge und die gleichen Interessen. Er sei auch esoterisch interessiert. Und das schönste sei, er habe Geld wie Heu. Lene würde ein eigenes Pferd bekommen. Sie würden ein großes Haus kaufen, ein Riesenauto, ...

Ich war bereit, ihre Vorfreude zu teilen. Aber meinen Einwand, das man solche gravierenden Dinge für die Zukunft ja nicht gleich beim ersten Telefonat absprechen könne, wischte sie mit einem knappen Satz hinfort:

»Wir haben sofort gemerkt, dass wir füreinander bestimmt sind. Ich sage dir, er ist es!«

Ella hatte sich derart in die Vorstellung verrannt, reich zu heiraten, dass sie taub war für sämtliche Alarmglocken. Hubert kam. Achthundert Kilometer reiste er an, nachts! Und nachts ließ Ella einen wildfremden Mann ins Haus, weil sie am Telefon gespürt hatte, das Hubert der Mann aller Männer ist!

Natürlich stellte sie ihn mir gleich am übernächsten Tag vor. Das war also Hubert, der Millionär! Billiger Anorak, verbeulte Jeans, ausgetretene Turnschuhe, schlechte Zähne. Er sei geschäftlich sehr involviert, fliege hierhin und dorthin, habe einige Firmen in den USA. Viel Arbeit mache natürlich sein Arabergestüt in Süddeutschland. Aber sein Bruder würde sich im Moment darum kümmern. Er drückte Ella fest an sich, sobald wie möglich sollte die Hochzeit sein. Ich machte ein Verlobungsfoto mit der Sofortbildkamera, weil ich mir das Gesicht von Hubert einprägen wollte. Dummerweise habe er auf dem Weg zu Ella einen Unfall mit seinem Wagen gehabt, deshalb wäre er mit einem Leihwagen gekommen. Aber erst mal sei Shopping in London angesagt. Sein Freund habe in Hamburg am Flughafen einen Privatjet stehen. Man könne jederzeit … Ella strahlte vor Glück und auch Lene lehnte sich vertrauensvoll an den neuen Papi.

Diese Lovestory währte vier Monate. Ella hörte nicht auf meine Warnungen. Ich sei bloß neidisch. Sie investierte und legte aus und lieh ihm ihre Scheckkarte, weil seine noch aus den USA kommen müsse … Ella glaubte alles. Auch als ich durch private Recherchen herausfand (ich habe einen Hang zur Privatdetektivin), er sei Sozialhilfeempfänger und befinde sich eigentlich in psychiatrischer Behandlung, wollte Ella mir kein Wort glauben: »Alles ist gut, ich weiß es, ich vertraue Hubert. Da liegt bestimmt eine Verwechslung vor. Deine Nachforschungen sind überflüssig, und dein Misstrauen entbehrt jeglicher Grundlage.« Ella klammerte sich an ihren Traummann, bis die Bank ihr Konto sperrte. Sie war 50.000 DM ärmer und Hubert war über Nacht verschwunden. Wahrscheinlich zur nächsten Heiratswilligen.

Es ist wirklich sehr schwer zu begreifen, dass es so schön hätte sein können, aber leider mal wieder ein Fehlschlag war. Ella redet nur noch das Nötigste mit mir. Sie will sich ihr Glück nicht wieder von mir mies machen lassen. Deshalb bin ich nicht informiert, ob es einen neuen Heiratskandidaten gibt.

Wenn wir nur noch das sehen, was wir zu sehen wünschen, sind wir bei der geistigen Blindheit angelangt.
Marie von Ebner-Eschenbach

Flügelschlag

Meine wunderbare, scheinbar lebenslustige, schlagfertige kumpelhafte Freundin Elke musste sterben. Sie hatte Krebs. Operation und Chemotherapie lehnte sie kategorisch ab. »Mir ist nicht mehr zu helfen. Es ist zu spät.« Das sagt alles. Elke hatte aufgegeben. Sie, die immer anpackte, wenn jemand Hilfe brauchte. Sie, die nie um eine Entgegnung verlegen war, die immer fähig war, eine Entscheidung zu treffen, die einen außerordentlichen gesunden Menschenverstand hatte, von dem wir alle profitierten. Sie, ausgerechnet sie, musste sterben. Sie wollte sterben!

Ihre geheimen Wünsche, ihr Seelenleben, ihre Wunschträume waren versandet. Oder, wenn wir wieder das Beispiel aus meinem Vorwort verwenden: Sie hatte sich einen schmackhafteren Lebensbrei vorgestellt. Für sie galt, was so symptomatisch ist für die meisten Helfenden: Sie konnte sich nicht selbst helfen.

Als ich mich von meinem ersten Mann trennen wollte, bin ich zu ihr gegangen, um sie um Rat zu fragen. Nachdem ich ihr meine ganze Geschichte berichtet hatte, sagte sie: »Es bleibt dir nichts anderes übrig. Du musst gehen. Geh fort und löse dich! Ich bewundere jeden, der es schafft. Denn ich schaffe es nicht. Ich wollte, mir würden Flügel wachsen.« Versonnen fasste sie sich über die Schultern an den Rücken, als würden die Flügel vielleicht doch noch sprießen. Glasklar erkannte Elke ihre lebensfeindliche Situation. Sie mochte und akzeptierte ihren Mann mit seinen Macken, Marotten und tausend Hobbys. Aber mehr war es eben nicht. Alles andere war dahingeschwunden, wie das halt so oft passiert in vielen Ehejahren. Die Liebe, die Anziehungskraft gehen verloren. Man mag sich noch. Man hat sich aneinander gewöhnt. Vielen reicht das. Nie fand Elke die Kraft fortzufliegen. Mal brauchte ihr Mann ihre Unterstützung, weil er sich beruflich neu orientieren musste, mal schob sie ihre Kinder vor: »Die müssen erst aus dem Haus sein.« Immer auch wieder wie bei vielen anderen Paaren: »Das können wir unseren Eltern nicht antun.« Oder: »Wir haben doch so viele gemeinsame Freunde.«

Sie wollte versuchen, sich mit ihrer Situation zu arrangieren: »Ich leide ja nicht. Er ist ja gut zu mir.« Ich bin felsenfest davon überzeugt, sie ist aus diesem Grunde krank geworden. Der Krebs war ihre Loslösung.

Ich habe die weiße Feder noch, die auf mich herabfiel, als ich am Tage ihrer Beerdigung spazieren ging und in die bauschigen Wolken sah. Es war ein heißer Augusttag. »He, Elke«, rief ich empor, »bist du da oben?« Als ich die Feder aufhob, wusste ich, ihr waren endlich Flügel gewachsen. Ich wusste aber auch, ich selbst würde meine Flügel nie mehr verlieren wollen. Dieser Augusttag war von großer Bedeutung für mich, würde ich doch am gleichen Abend den Mann endlich wiedersehen, den ich seit über fünf Jahren verehrte. Die Feder war ein Zeichen für mich.

Nur immer wieder hinauf nach jedem Sturz aus der Höhe. Entweder du fällst dich tot oder dir wachsen Flügel.
Marie von Ebner-Eschenbach

Manchmal bekommen wir Hinweise, es ereignen sich Dinge, die uns merkwürdig erscheinen. Oft sind es nur winzige Begebenheiten: Ein Lächeln eines Fremden, das Kopfschütteln deines Kindes, das Finden eines lange verschollenen Briefes, ein Wort im unrechten Moment, eine Wiederbegegnung nach langer Zeit. Diese Zufälle, die uns wie ein Pfeil treffen, die in unser Herz dringen, sollten wir nicht verdrängen. Wir sollten uns fragen, was sie mit unserem Leben zu tun haben könnten, warum sie uns gerade jetzt auffallen. In diesem Moment! In dieser Situation!

Wie oft waren es gerade diese winzigen Merkwürdigkeiten, die meinen weiteren Lebensweg eingeleitet haben. Ein neues

Gewürz für meinen Brei. Diese neue Würze zu erkennen und zu testen, gibt Kraft zum Loslassen alter belastender Strukturen.

Nur Liebe vermag überhaupt jemand am Leben zu erhalten.
Oscar Wilde

Im Zusammenleben sind wir alle irgendwann genervt. Aber wir verlassen unseren Partner nicht allein deshalb, weil er Krawatten mit Marienkäfern bevorzugt oder weil ihm jeden Morgen Eigelb im Schnurrbart hängt.

Es gibt ja Frauen, die lassen sich blutig prügeln, und wenn dann die Polizei in der Tür steht, sind sie »die Treppe hinuntergefallen«. Das ist Masochismus pur.

Wenn du dich schon so weit erniedrigt hast, dann bist du nur noch eine schlecht funktionierende Maschine und keine Frau, die stolz über sich selbst bestimmt.

Du wirst entgegen, dein Mann sei die große Liebe deines Lebens gewesen, ihr werdet euch schon wieder zusammenraufen. Da ist das Haus, das Auto, die Kinder. Die Urlaube waren immer so schön – und eigentlich hat er ja einen guten Kern. Aber früher war er ganz anders. Er hat so viele Sorgen im Beruf. Klar, es gibt tausend Gründe zu bleiben! Vielleicht wird doch noch alles gut. Ist ja möglich. Warum soll man's nicht versuchen? Wenn ihr beide darum kämpft, eure Beziehung zu erhalten, kann es sich lohnen. Es gibt genügend Fälle, bei denen es geklappt hat.

Wenn Seifenblasen platzen

Die Geschichte meiner Freundin Lea würde einen dicken Schmöker füllen. Ich sage bewusst: Schmöker. Es ist wirklich eine unglaubliche Story. Mancher Drehbuchschreiber wäre froh, wenn ihm so etwas einfallen würde. Leider kann ich nicht jede Einzelheit dieser abenteuerlichen Begebenheit erzählen, aber ich höre dich jetzt schon sagen: »So bescheuert kann keine Frau sein.«

Lea, Mitte vierzig, immer noch sehr hübsch, blond, langbeinig und temperamentvoll, hätte sich auch nie träumen lassen, der vermeintlichen Liebe ihres Lebens ausgerechnet in einem griechischen Taxi zu begegnen. Es war der Fahrer selbst. Lea hatte auf seine schönen Hände geschaut, Nikos auf ihre langen braun gebrannten Beine. Die schöne Lea ließ sich vom schwarz gelockten Nikos ins Hotel fahren und damit begann diese schrecklich schöne Geschichte. Sie liebten sich zwei Tage am Strand. Er ging nicht zur Arbeit – und wurde daraufhin gefeuert. Nicht so schlimm, Lea hatte ja Geld. Nikos roch Lunte. Wie wäre es denn mit einer gemeinsamen Zukunft? Hier, im herrlichen sonnigen Griechenland? Ein eigenes Taxi haben, selbstständig sein. Das sei schon immer sein Traum gewesen! Er würde viel Geld verdienen mit den Touristen. Und für Lea gäbe es sicher auch Arbeit, wenn sie denn wolle ... Meine Freundin Lea gab ihm Geld für ein eigenes Taxi. Dreißigtausend Mark!

Die Welt ist außerhalb der Irrenhäuser nicht minder drollig als drinnen.
Hermann Hesse

Nach einigen Tagen meinte er, das Geld würde nicht reichen, für den Betrag fände er kein Auto, das geeignet sei. Also legte Lea noch einmal zwanzigtausend drauf. Meine Freundin war inzwischen aus ihrem Hotel ausgezogen und hatte für sich und Nikos ein kleines möbliertes Appartement gemietet. Sie hatte eine Waschmaschine gekauft, einen Fernseher, einen Staubsauger und Geschirr. Alles war gemütlich hergerichtet für eine gemeinsame Zukunft. Lea konnte sich durchaus vorstellen, für immer in Griechenland zu bleiben. Bedauerlicherweise musste Nikos ihr dann nach ein paar Tagen beichten, er habe den ersten Betrag Detektiven und Anwälten gegeben, denn der Sohn seiner verstorbenen Schwester sei entführt worden. Und die zwanzigtausend Mark hätte er im Spielsalon eingesetzt, um das Honorar wieder einzuspielen. Leider habe er verloren. War der Traum vom Leben zu zweit nun geplatzt? Nein! Lea hatte Vertrauen! Sie gab ihm fünftausend Mark für neue Kleidung, damit er sich gut angezogen einen Job suchen konnte. Auch seine Zähne waren nicht in Ordnung: Viertausend. Der arme kleine Neffe war noch immer nicht gefunden und die Familie wollte ihn doch großziehen: Zehntausend. Alte Schuldenbegleichung nach dem Bankrott seines Gemüseladens: Sechstausend. Wir eröffnen ein Café! Die Anzahlung: Fünfzehntausend. Nikos konnte seine Spielsucht nie bezähmen. Er hatte es doch nur gut gemeint, wollte alles im Spielsalon verdoppeln und verdreifachen für »unser Leben zu zweit«.

Inzwischen wohnt Lea wieder in Deutschland. Sie fliegt allerdings fast jeden Monat für mindestens eine Woche zu Nikos, weil der immer wieder eine tolle Idee hat, wie man die gemeinsame Zukunft gestalten könnte. Und jedes Mal hofft Lea, nun ist es endlich soweit! Allerdings ist sie zum jetzigen Zeitpunkt um einhundertzwanzigtausend Mark ärmer. Sie liebt ihn immer noch. Er liebt sie auch. Sagt er. Das glaube ich auch. Frauen mit viel Geld sind immer sexy. Natürlich ist sie genervt, weil nichts funktioniert, was er anpackt. Es hat auch schon Streit wegen des Geldes gegeben und er hat ihr ins Gesicht geschlagen. »Aber ich habe ihn ja auch provoziert«, sagt Lea. »Ich habe ihm die Geldscheine im Spielsalon vor den Augen seiner Freunde aus der Hand gerissen.«

Eigentlich ist ihr klar, dass Nikos ein Verlierer ist. Sie weiß, sie wird ihr Geld nie wiedersehen. Immer wieder gibt es Auseinandersetzungen und Szenen. Aber Lea kann sich noch nicht lösen. Die Seifenblasen der großen Liebe und der Traum vom Leben in einem sonni-

Das Weib lässt sich keinen Beschützer gefallen, der nicht zugleich eine Gefahr ist.
Karl Kraus

gen Land sind zu schillernd. Die Seifenblasen sind geplatzt, doch in diesem Moment hebt Leas Flugzeug gerade wieder ab gen Griechenland. Was muss noch passieren, damit sie begreift und von diesem Mann ablassen kann? Was wird passieren? Mich packt die schiere Angst um sie.

Kuscheldefizite

Bibis Geschichte ist noch nicht zu Ende:

Ja, diese Selbsthilfegruppe mit dem verständnisvollen Therapeuten erschien Bibi auch nach der Trennung von ihrem Mann wie ein geborgenes Nest. Sie verpasste keine Sitzung. Ihr Sohn hatte sich gefangen und in ein normales Leben zurückkehren können. Jetzt wollte sie endlich bei sich selbst ansetzen. Insgesamt vier Jahre lang ging sie zweimal wöchentlich zur Gruppensitzung. Alle Frauen himmelten Richard, den Therapeuten, an. Er war so warmherzig und verständnisvoll, wirkte oft selbst sehr verletzlich und es kribbelte in Bibis Bauch, wenn er lange seinen Blick auf ihr ruhen ließ oder sie gar verstohlen anblinzelte. Damals stand das Buch »Die sexuellen Fantasien der Frauen« von Nancy Friday im Mittelpunkt der Diskussionen. Es eröffnete vielen Frauen eine ganz neue Sichtweise. Und auch für Bibi taten sich sensationelle neue Erkenntnisse auf. Endlich konnten die Frauen ihre Wünsche offen aussprechen, ohne als pervers und widernatürlich oder gar unfraulich abgestempelt zu werden.

Aber wohin mit den Gefühlen, mit dem Zärtlichkeitsbedürfnis, mit den Wunschträumen? Eines Nachts rief Richard bei Bibi an. Er fühle sich nicht mehr wohl bei seiner Frau. Sie hätten sich wieder gestritten. Er habe schon lange ein Auge auf Bibi geworfen. Bibis Herz raste. Sie fühlte sich wie eine Auserwählte. »Du bist meine Morgana«, sagte er. »Wie eine Gestörte

(Originalton Bibi) radelte ich durch Nacht und Wind, um Richard im Moor zu treffen.« Heiße bzw. verfrorene Nächte auf dem Rücksitz seines BMW. Versprechen einer gemeinsamen Zukunft. Wir zwei beide, wir sind füreinander geschaffen! Bibi glaubte es. »Ich bin auserkoren.« Sie hatte auch Erich Fromm gelesen und wollte die »Kunst des Liebens« erlernen. In diesem Taschenbuch, das ihr zur Bibel wurde, strich sie sich folgenden Satz ganz dick an:

»Die Meisterschaft in der Kunst (des Liebens) muss dem Betreffenden wichtiger sein, als alles andere; für ihn darf es nichts geben, was ihn stärker fasziniert.«

Bibi fühlte endlich wieder Verlangen nach einem Mann. Und dieser Mann schien sie zu lieben, wollte eine gemeinsame Zukunft mit ihr aufbauen. Morgana wurde eingenebelt. Aber die Ernüchterung kam schneller als gedacht. Richard trank. Dann jammerte er, er könne seine Frau gerade jetzt nicht allein lassen. Immer öfter versetzte er Bibi. Kein Geturtel mehr, kein Lächeln. Richard wurde streng und abweisend, ja, warf Bibi sogar vor, sie habe sich ihm aufgedrängt. Der Therapeut Richard ließ meine Freundin fallen. Und sie fiel in ein ganz tiefes Loch. Diese Schmach, diese Schande konnte und wollte sie zunächst nicht wahrhaben. Aber was hatte sie in der Gruppe bei Richard gelernt? Leider nicht: Begehre auf! Sie schwieg nicht, sondern recherchierte und trommelte schließlich sieben weitere Frauen zusammen, die das Gleiche mit Richard erlebt hatten. Es gab einen Riesenskandal in dem kleinen Ort. Die Frauen erstatteten Anzeige. Durch Bibis mutiges Einschreiten hat sie nicht nur sich selbst geholfen, sondern auch den anderen betroffenen Frauen. Sie konnten ihrer Wut und Enttäuschung freien Lauf lassen und gleichzeitig in der Gemeinsamkeit Halt finden. Ihr Aktionismus hat sie vor

Werke der Kunst werden zerstört,
sobald der Kunstsinn verschwindet.
Johann Wolfgang von Goethe

schlimmeren Dingen bewahrt. Richard hat die Frauen fallen gelassen, die aber konnten endlich ihre Trauer über eine verlorene Liebe loslassen. Sie wurden ent-täuscht.

Lass los und falle – ins Sprungtuch

Mamis Marmorkuchen

Wer Kinder groß gezogen hat, kann sich sehr gut daran erinnern wie es war, als sie ausziehen wollten. Diskussionen, Besorgnis, Ratschläge, Ablösungsängste. Wir verlieren unsere Bestimmung. Wozu sind wir noch da, wenn die Kinder nicht mehr da sind? Bin ich dann verurteilt, jeden zweiten Tag einen Kaffeeklatsch auszurichten, einem Häkelclub beizutreten oder regelmäßig Tennis zu spielen? Das alles kann ja ganz nett sein. Aber ist es auch erfüllend? Wenn du einen Beruf hast, den du liebst, der dich voll in Anspruch nimmt, hast du diese Sorgen nicht. Es kann sogar eine Erlösung sein, wenn du dir nicht mehr den Vorwurf in der Stimme deiner Nachkommenschaft anhören musst, dass du die Supermegajacke mal wieder nicht rechtzeitig gewaschen hast. Probleme, die Kinder gehen zu lassen, also loszulassen, haben meist nur diejenigen, für die ihre Kinder der absolute Fixpunkt in ihrem Leben war. Diese Kinder flüchten meist sogar, weil sie sich eingeengt fühlen. Weg von Mama und Papa, raus aus der Kontrolle. Sich nicht reinreden lassen von dem Alten! Eigenständig und selbstverantwortlich handeln. Fehler alleine begehen und daraus lernen.

Gut, wenn es so ist. Das ist gesund.

Mütter von Söhnen haben es besonders schwer, ihre kleinen Prinzen in die böse weite Welt zu schicken und dann auch noch an eine Frau zu verlieren, die nicht die geringste Ahnung hat, was ihren Lieblingen gut tut. Im Grunde kann ich gar nicht mitreden. Ich habe keine Söhne. Aber ich rede doch mit, weil ich zweimal verheiratet war. Und diese Männer waren Söhne von Frauen, die ihren Jungen nicht loslassen konnten. Man braucht schon sehr starke Nerven, um Contenance bewahren zu können, wenn die Schwiegermutter sonntags morgens um acht Uhr telefonisch nachfragt, ob man denn schon gefrühstückt habe, es werde ja langsam Zeit, und der Sohn habe ja immer sonntags gerne seine Tasse Kakao getrunken und ob denn auch Butterhörnchen auf dem Tisch ... Man kann diese Söhne tausendmal bitten, ihren Müttern auch einmal deutlich zu sagen, dass sie nichts mehr zu sagen haben, es nützt nichts. Die Söhne schimpfen etwas müde vor sich hin, jaja, meine Alte, aber im Grunde drängen sie schon wieder, um zum Sonntagsnachmittagskaffee rechtzeitig dort zu sein. Du weißt ja, ich esse so gern Mamis Marmorkuchen.

Ich habe daraus gelernt und werde mir in Zukunft nur Liebhaber ohne Mutter suchen.

Das klingt ziemlich intolerant. Aber dazu stehe ich. In meinem Leben habe ich immer versucht tolerant zu sein. Zu jedem. Zu jeder Gelegenheit. Sogar zu meinen Schwiegermüttern. Ich hielt es einfach für lebenswichtig, mich in jedes Problem hineinzudenken, alles geduldig anzuhören, vorsichtige Ratschläge zu geben und immer wieder zu betonen, dass ich alles ja so gut verstehe. Das habe ich betrieben, bis zur Selbstaufgabe. Irgendwann bemerkte ich, niemand macht sich diese Mühe mit mir. Ich wurde kritisiert, brüskiert, kontrolliert und degradiert. Du kannst eine noch so tolle Schwiegertochter sein, du bist und bleibst nur angeheiratet. Du gehörst irgendwie doch nicht zur Familie. Wenn du dann versuchst, diesen gordischen Knoten zwischen Mutter und Sohn zu kappen, bist du

Man sieht an einem Strohhalm am besten, wo der Wind herkommt.
Theodor Fontane

verloren. Dann hast du verloren. Versuche, eine gute Verliererin zu sein. Es gibt so viele schöne andere Spiele auf dieser Welt!

An der Bahre

Loslassen heißt Abschied nehmen. Abschied ist immer eine schmerzhafte Angelegenheit. Noch schmerzhafter ist der Tod. Loszulassen von einem geliebten Menschen ist das Grausamste, was uns widerfahren kann.

Der liebevolle Begleiter meiner Kindertage war mein Großvater, der Vater meines Vaters. Er war mein Vorleser, Zuhörer und Tröster. Zu ihm flüchtete ich, wenn meine Eltern sich wieder stritten. Ausrichten konnte er nichts gegen diesen unerträglichen Unfrieden in unserer Familie. Der Krieg, der Tod seiner Frau, seiner Schwiegertochter und seiner kleinen Enkelin, deren Vornamen ich trug, hatten ihn zerbrochen. Hand in Hand standen wir oft am Fenster in der Dämmerung. Und um das Gebrüll meines Vaters und das Weinen meiner Mutter zu übertönen, sang er mir Operettenarien vor. Ich verlor meinen Großvater, als ich 13 Jahre alt war. Dass er jemals sterben könnte, hatte ich niemals auch nur ansatzweise in Erwägung gezogen. Wie sollte ich die Welt ohne ihn ertragen? Ohne seine Zuwendung, seinen stillen Trost, ohne die traurigen und schönen Geschichten aus vergangenen Tagen konnte ich mir ein Leben nicht vorstellen. Tagelang war ich nicht in der Lage, zur Schule zu gehen. Apathisch verfolgte ich die nötigen Abläufe und Vorbereitungen für die Beerdigung und die Trauerfeier. Ich mochte weder essen noch trinken, sondern starrte nur tränenblind aus dem Fenster. Es mag für viele unerträglich klingen, aber ich verlangte, ihn noch einmal zu sehen. Mein Vater sah mich lange schweigend an, dann nahm er mich an die Hand und wir fuhren auf seiner weißen Vespa zum Friedhof. Er erwirkte Einlass in die Leichenhalle. Im trüben Glühbirnenlicht nahm ich zusammen mit meinem Vater Abschied von seinem Vater, während der Kirchendiener verlegen mit dem Schlüsselbund bimmelte. Ich sah lange in das bleiche Gesicht meines Großvaters. Er lag auf der Bahre, als schliefe er friedlich. Mir war, als hörte ich ihn wie von ferne singen: »Reich mir zum Abschied noch einmal die Hände ...« Ich legte meine Hände auf seine und wusste, es war gut, so wie es war. Mir wurde in diesen wenigen Minuten klar, dass er erlöst war von der immer währenden Trauer, um den Verlust seiner glücklichen Vergangenheit. Er hatte endlich loslassen können. Die schrecklichen Bilder der Erschießung seiner Frau, seiner Schwiegertochter und seiner Enkelin würden ihn nicht mehr quälen. Ich hatte kein Recht, ihn zu halten. Er hätte niemals gewollt, dass ich in der Trauer um ihn versteinere. »Du sollst ein fröhlicher Mensch werden«, hatte er stets zu mir gesagt. Diese Worte klangen in dieser dumpfen Umgebung in meinem Herzen wie soeben Gesagtes. Das gab mir Trost und Befreiung, ja sogar etwas wie Leichtigkeit.

Als ich aus der finsteren Kapelle in die tröstende Sonne eines milden Februarnachmittags trat, fühlte ich, dass ich ihn loslassen konnte. Aber er würde immer und ewig zu mir gehören. Er hatte mich geliebt, behütet und meine Hand gehalten, mich auch erzogen und berichtigt, mir vorgesungen und Geschichten erzählt. Er hatte mich mitgeprägt. Ich hatte das Glück gehabt, dreizehn Jahre meines Lebens mit ihm verbringen zu dürfen.

Der Schmerz ist der große Lehrer der Menschen. Unter seinem Hauche entfalten sich die Seelen.
Marie von Ebner-Eschenbach

Ade Asche

Meine Mutter Anni hat 47 Jahre Ehe durchgehalten. Ich habe mich oft gefragt, wie sie das durchstehen konnte. Der Tod meines Vaters war wie eine Erlösung für sie. Mein Vater war noch nicht in der Urne, da hatte sie schon seine sämtlichen Sachen verschenkt. Die Möbel, die er ausgesucht hatte und die sie nie ausstehen konnte, verteilte sie in der Nachbarschaft an Aussiedler. Alle Dinge, die sie an Anton erinnerten, wanderten in die Kleidersammlung für Bedürftige, in den Sperrmüll, auf den Flohmarkt!

Sie ließ die Tapezierer kommen, kaufte neue Möbel, verbannte alle Familienfotos, auf denen er abgebildet war, auf den Dachboden. Anni leistete sich ein tolles Kostüm, einen wilden Hut, eine fetzige Brille! Ging zum Friseur und Kosmetiker! Sie war nicht *wie* neugeboren! Sie *war* neugeboren!

Nie werde ich das Bild vergessen, wie sie nach der Trauerfeier dem Leichenwagen mit dem Sarg meines Vaters nachwinkte. Meine Mutter nahm ein weißes Spitzentaschentuch und winkte dem schwarzen Wagen hinterher. Gute Reise ins Krematorium! Auf Nimmerwiedersehen! Sie lächelte. In dem Moment, wo sie sich zu uns umdrehte und sagte: »So, jetzt gibt's eine gute Tasse Kaffee«, hatte sie bereits losgelassen. Heucheln wollte sie nicht. Schließlich hatte sie 47 Jahre ausgehalten, wie es sich für eine gute Ehefrau gehört.

Ab sofort wurden ihre Rheumaschmerzen erträglicher, die Gallensteine lösten sich in Nichts auf und Migräne gab es auch nicht mehr in ihrem Leben. Sie hatte auch sofort das alte Ehebett rausgeschmissen, sich ein modernes Singlebett ausgesucht und neue Bettwäsche gekauft.

So loszulassen halten viele für pietätlos. Für Anni war es das einzig Richtige. Ihr Leben begann mit 71 Jahren!

Und sie konnte sich das alles leisten. Hinter dem Kleiderschrank hatte sie an einem Wollfaden hängend ein Kuvert mit einer Menge Geld gefunden!

Die Angst vor der großen Welt hat meine Mutter nie verlassen. Einmal in ihrem Leben, mit siebzehn Jahren, ging sie auf eine große Reise. Von Masuren nach Schleswig-Holstein. Sie verspürt nicht den Drang, ferne Länder zu sehen. »Ich verliere so leicht die Orientierung«, sagt sie. Doch wie sie ihr Leben nach dem Tode meines Vaters allein gestalten sollte, das war ihr von vornherein klar. Endlich wollte sie Freunde haben, irgendwo dazu gehören, sich treffen, Kuchen backen, plaudern, Karten spielen, lachen. Endlich wollte sie wieder in die Kirche gehen dürfen und beten, wann ihr danach zu Mute war. Und sie wollte wieder nähen und schneidern, ohne die abfälligen Kommentare ihres Ehemannes. So näht und ändert sie leidenschaftlich für sich, ihre Töchter und Enkelkinder und sogar für ihre Nachbarinnen.

So hat sie doch noch, auch wenn es sehr spät kam, ihre Lebensfreude wieder gefunden. Hätte sie das nicht alles schon eher haben können?

Wenn du dich in Gefahr glaubst, an einem Menschen zu Grunde zu gehen, so rechne es ihm nicht gleich als Schuld an, sondern frage dich vorerst, wie lange du schon nach solch einem Menschen gesucht hast.
Arthur Schnitzler

Also, mein lieber Arthur Schnitzler, das ist ganz schön starker Tobak, was du uns da unterstellst!

Aber hat er nicht Recht? Ist es nicht für manche von uns zur Lebensaufgabe geworden zu leiden?

Als ich noch Unternehmerin war, bin ich zu unterschiedlichen Tageszeiten mit meiner Geldtasche die Einkaufsstraße einer ländlichen Kleinstadt entlanggegangen. Immer geradeaus zu meiner Bank, links und rechts grüßend. Man kennt sich ja. Zu allen Uhrzeiten und Jahreszeiten immer das Gleiche: Die Gesprächsfetzen von Leuten, die sich zufällig getroffen hatten, auf dem Weg zum Einkaufen oder zum Arzt.

Es wurde geklagt! Es wurde gejammert! Man beschwerte sich! Der Ehemann, der Chef, die Kinder! Alles schlecht und mies und negativ! Einfach nicht zum Aushalten!

Ich gewann von Jahr zu Jahr mehr das Gefühl, die Menschen brauchten das Klagen. Immer unter dem Motto: Mir geht es noch schlechter als dir. Du musst mich bedauern! Natürlich ist es nicht normal, wenn wir jeden Morgen bis zu den Ohrläppchen vor uns hinlächeln. Dieses Misanthropentum jedoch fand ich symptomatisch für meine Mitmenschen mittleren Alters. Sie haben das Gefühl, es sei alles schon gelebt. Na gut, es gibt noch Weihnachten und Ostern und auch mal einen Urlaub. Die Kinder oder Enkel kommen zu Besuch, ein neues Sofa wird gekauft, der Gemüsegarten wird umgegraben, die Nachbarn kommen zu einem Plausch.

Alles läuft gleichmäßig und auf eingefahrenen Gleisen. Es passiert nichts mehr. Die Zeit der Abenteuer ist vorbei. Man muss sich irgendwie interessant machen. Also hat man eine Krankheit, ein Zipperlein, das zum Horrorszenarium ausgestaltet wird. Sollen Magengeschwüre, Migräneanfälle und die Neuanschaffung von Kompressionsstrümpfen zum Thema deines Lebens werden? Willst du auf diese Weise alt werden, nur weil du einmal Angst hattest, deinen eigenen Weg zu gehen? Wer herumsteht und nur noch Belanglosigkeiten ablässt, die Mitmenschen nervt, der hat das Recht verwirkt, seinen Freunden Ratschläge zu geben.

Na gut, ich gebe zu, das Sprungtuch ist nicht unbedingt gebügelt, in das du hineinfallen wirst. Aber der Stolz gesprungen zu sein, sich nach dem ersten Schrecken aber erholt zu haben, um sich dann einen neuen Weg zu suchen, dieser Stolz wird dich dein ganzes Leben nicht mehr verlassen.

Denn willst du deinen Drang nach außen, deine Lebenswünsche verkapseln und einschließen? Willst du fast fünf Jahrzehnte leiden wie Anni? Willst du deinen Lebenshunger und deinen Bedarf an Liebe unterdrücken und von einer Krankheit aufgefressen werden wie Elke? Willst du als lamentierendes Geschöpf bis ans Ende deiner Tage deiner Umwelt auf den Wecker fallen mit Lobeshymnen über den geflohenen Gatten wie Krista? Willst du dich am Ende ekeln vor deinem Partner, bis du kotzt, wie Bibi? Willst du dich in verstaubten Erinnerungen vergraben wie Angela? Willst du wie ich jahrelang hoffen, dein Mann liebt doch nur dich allein, obwohl du hundertprozentig weißt, dass es nicht so ist? Willst du noch mehr Beispiele hören?

Für viele ist jeden Tag Karneval:
Die Furcht, aus der Nähe erkannt zu werden,
zwingt sie zu dauernder Maskierung.
Peter Werner

Du benimmst dich unverwandt

Warum hat meine Mutter so lange ausgeharrt in dieser glücklosen Ehe? Sie war doch schon einmal eine Loslasserin gewesen. Mit 17 Jahren! Sie verließ, kurz bevor der Zweite Weltkrieg ausbrach, ihre Heimat Masuren und ging nach Schleswig-Holstein. Dort konnte sie durch die Vermittlung einer Freundin auf einem Gutshof als Dienstmädchen anfangen. Das war damals eine Befreiung für sie. Sonst wäre ihr nichts anderes übrig geblieben, als ihre sieben jüngeren Geschwister großzuziehen. Das war weit fort, und ihre Brüder und Schwestern haben es ihr bis heute nicht verziehen.

Loslasser müssen mit Verfemung rechnen!

Du hast also nicht nur deinen eigenen Schmerz zu bewältigen, wenn du loslässt, sondern du wirst auch noch deine Verwandten verlieren.

Meine Mutter hörte von ihrer Mutter den Satz: »Du lässt mich hier ganz allein mit deinen sieben Geschwistern. Als Älteste hast du eine Verantwortung für uns. Wie soll ich fertig werden ohne dich? Dein Vater trinkt und kann mir nicht helfen.«

Anni ging trotzdem. Sie hatte eine glückliche Zeit auf dem schleswig-holsteinischen Gutshof, lernte Schneiderin, gewann neue Freundinnen und traf einen schönen, großen, blonden norddeutschen Mann. Ihren ersten Mann. Heimweh nach Masuren hätte sie nie gehabt, sagt sie. Anna wollte etwas aus ihrem Leben machen. Sie löste sich aus der Umklammerung der Familie, weil sie ihre Träume verwirklichen wollte, die Träume im Rahmen ihrer Möglichkeiten. Ihre Eltern und Geschwister hat sie niemals wiedergesehen. Die Mutter blieb verhärmt zurück, der Vater wollte nie wieder ein Wort mit ihr reden. Aber Anni, tausend Kilometer fern ihrer Heimat, war glücklich. Für kurze Zeit. Der zweite Weltkrieg begann wenig später. Die grausame Zeit der großen Verluste.

Das Leben ist ein unerfreulicher Roman;
oft möchte man das Buch zuklappen,
aber es nimmt uns immer wieder wunder,
wie es weitergeht.
Charles Tschopp

Wer loslässt oder verlässt, der wird oft als rücksichtslos, verantwortungslos und grausam abgestempelt, ja wird manchmal sogar aus der Familie ausgestoßen.

Nachdem ich mich von meinem ersten Mann trennte, brach meine Schwester jede Beziehung zu mir ab. Sie fragte nie nach den Gründen meines Wegganges. Sie machte nie den Versuch, mich zu verstehen. Sie spricht einfach nicht mehr mit mir. Seit über 10 Jahren. Dabei bin ich inzwischen sogar schon ein zweites Mal verheiratet gewesen. Und wieder geschieden! In ihren Augen bin ich eine rücksichtslose Selbstverwirklicherin.

Meine erste Schwiegermutter sagte, als ich ihr mitteilte, ich würde ihren Sohn verlassen: »Ich weiß, er hat Fehler gemacht. Aber er ist mein Sohn. Wenn du deine Familie jetzt verlässt, wirst du deinen Fuß nicht mehr über meine Schwelle setzen dürfen.« Das fand ich konsequent und habe es akzeptiert.

Meine zweite Schwiegermutter legte einfach mitten im Gespräch über meinen Fortgang den Hörer auf. Ich habe mir dann nicht mehr die Mühe gemacht, sie persönlich aufzusuchen.

Ich weiß, es gibt Verwandte, auf die wir leicht verzichten können, aber auch solche, die uns lieb und wert sind und uns auch so etwas wie Identität verleihen.

Heile Welt ohne Schmerz und Verlust, ohne Ach und Weh gibt es nicht. Wenn du loslässt, kannst du deine Schwester verlieren wie ich. Den Gedanken, eventuell auch die Eltern nicht mehr sehen zu können oder die eigenen Kinder, wollen viele nicht ertragen. Die Angst vor der Einsamkeit schlägt zu. Sie belassen es dann lieber bei der lebensfeindlichen Situation.

Ich muss mich nicht erniedrigen lassen, weder von den Eltern noch von den Geschwistern, wenn ich die Lebensfeindlichkeit meiner Situation erkenne und daran arbeite, wieder entspannt und glücklich zu werden. Ich will Verständnis!

Wenn es kein Verständnis für mich gibt, nicht mal ein Zuhören, dann bleibt mir nur noch, die Tür zu öffnen und hinauszugehen.

Nach einem guten Essen kann man jedem verzeihen, sogar der eigenen Verwandtschaft.
Oscar Wilde

Mach aus deinem Abgang eine Performance

Zu meinen Freundinnen sage ich immer: »Wir müssen uns ja etwas zu erzählen haben, wenn wir alt sind.« Wer immer nur ängstlich das Leben gemieden hat und nie gesprungen ist – wie soll der oder die mitreden können? Wir Freundinnen haben keine Lust, als Achtzigjährige nur über Gardinenstärkemittel und Stickbilder zu palavern, unsere vielen Zipperlein zu bejammern und die fehlende Zuwendung unserer Kinder zu beklagen. Wer sich ins Leben stürzt, kann viel erleben, klar, und viel erleiden. Hast du Angst davor? Willst du vergessen sein, kaum dass du unter der Erde liegst? Spuren hinterlassen wollen wir alle. Auch die Bescheidenen. Es ist doch sicher auch eine Genugtuung für dich, wenn du weißt, dein Fortgang war showreif. Die ekligen Restverwandten werden dich verbal in der Luft zerreißen? Na und? Diejenigen, die dir immer zugetan waren, werden dich verstehen, vielleicht sogar bewundern. Du bist kein kleines Licht, das stille verlischt. Na gut, du musst ja nicht unbedingt den Flammenwerfer ins ehemalige gemeinsame Wohnzimmer richten. Aber ein bisschen filmreif darf es schon sein. Und sei es nur für dich selbst. Wie habe ich gezagt und gezaudert. Und immer wieder angekündigt: Ich gehe morgen. Meine Koffer sind gepackt. Das war mein großer Fehler. Sieben Mal ließ ich mich umstimmen. Mein Mann bettelte und flehte, versprach unsere Beziehung neu beginnen zu wollen. Das klingt auch wirklich sehr schön: »Wir fangen ganz von vorne an.« Aber wo ist vorne?

Ich wusste, was ich wollte, ich hatte ein Vorstellung von dem, was mich erwartete. Ich hatte Pläne. Umzustimmen war ich grundsätzlich nicht mehr. Ich wagte es nur nicht, einfach so zu verschwinden. Nach einem dieser nächtlichen Gespräche ging ich ins Bad und sah in den Spiegel: »Du bist wirklich eine erbärmliche Versagerin« klagte ich mich selbst an. Es war eigenartig, ich war entschlossen und doch nicht fähig, meine gepackten Koffer zu nehmen und zu gehen. Wenig später dann war mir klar, was zu tun ist. Die große Ankündigung sollte ich lieber bleiben lassen. Ich nahm also mein großes grünes Bettlaken, von dem ich schon im Kapitel 2 unter *»Sesam öffne dich«* gesprochen habe, raffte meine wichtigste Kleidung zusammen und knotete alles zusammen. Mein Bettzeug warf ich auf den Rücksitz meines Autos. Auf meine leere Matratze legte ich den Abschiedsbrief:

»Ich bin fort. Mehrmals habe ich es angekündigt. Jetzt ist es soweit. Ich wünsche dir viel Glück ohne mich.«

Bedächtig ging ich noch einmal durch das Haus. Woran hing ich besonders? Was wollte ich noch mitnehmen? Ich war nicht fähig, das kleinste bisschen ins Auto zu laden. Zeit hätte ich gehabt, es war niemand im Haus. Sogar für einen Möbelwagen hätte es noch gereicht. Aber ich wollte völlig unbelastet gehen. Als ich vom Hof fuhr, wusste ich, es war für immer. Ich genoss jeden gefahrenen Meter zu meiner nächsten Wohnung. Sehr beeindruckend war, wie mein Mann sich rächte. Eine gelungene Veranstaltung:

Wenige Tage später klingelte er an der Haustür meines neuen Domizils. Ich trat hinaus. Wortlos rammte er den Stiel einer rostigen Forke vor meiner Brust in die Erde. Auf die mittlere Forkenzinke hatte er mit rotem Band seinen Ehering gebunden. Damit war klar, er würde nicht mehr um mich kämpfen. Er hatte aufgegeben und fühlte sich nicht mehr mit mir verheiratet. Meine Freunde fanden diese *Performance* meines ersten Mannes grausam mir gegenüber. Aber ich wusste jetzt hundertprozentig, woran ich war, und fühlte mich nicht verletzt. Noch heute bewundere ich ihn dafür. Dieses Forken-Ring-Ensemble schmückte zehn Jahre den Eingangsbereich meines neuen Heimes und wurde anscheinend von meinem Ehemann Nr. 2 hingenommen. Den Ring löste ich erst von der Forke, als ich auch Nr. 2 verließ. Ich begann eine Eheringsammlung anzulegen. Hinein in die finstere Schatulle! Vielleicht brauche ich ja mal Zahngold!

Wer besitzt, der lerne verlieren.
Friedrich von Schiller

Du brauchst keine Landkarte – immer nur geradeaus!

Ganz richtig, geh den geraden Weg. Du hast dich entschieden. Was soll das Schauen nach links und nach rechts. Der Weg geradeaus mag steinig sein oder voller Furchen, aber das Gute daran ist, du brauchst keine Landkarte. Und es gibt noch einen positiven Aspekt. Die große Spannung, was dich dort erwartet. Der Ort, die Menschen, alles ist neu! Macht dir das Angst? Viele meiner Freunde klammern, weil sie sich nicht vorstellen können, alles loszulassen, was sie sich gerade aufgebaut haben. Der Gang ins Ungewisse scheint ihnen unerträglich.

Mein Kollege Raimund saß mir vor kurzem bei einer Konferenz gegenüber. Er war unaufmerksam und in sich gekehrt, dann wieder zappelig und fahrig. Es schien, als könne er nicht mehr lange durchhalten. Beim Abendessen setzte ich mich neben ihn und fragte, was los sei. »Meine Frau hat mich verlassen. Nach zehn Jahren.« Ich fragte ihn, was er jetzt tun werde. Er sah mich fassungslos an. Er könne nichts mehr tun. Es gäbe kein Zurück. Allein würde er von nun an dahinvegetieren. Das klang sehr theatralisch und ich war versucht zu lachen. Natürlich kein guter Augenblick, um eine humoristische Einlage zu installieren. Also schwieg ich und ließ ihn reden.

»Ich muss mich von ihr lösen. Ich muss sie aus meinem Kopf reißen. Wie schaffe ich das nur?«

Ein starker Mann, Mitte Fünfzig weinte auf seinen pochierten Lachs. Er weinte um das Vergangene. Ich antwortete ihm, er müsse jetzt nach vorn schauen, er solle endlich das tun, worauf er schon lange ihr zuliebe verzichtet habe. Da müsse es doch etwas geben.

Er brauchte nicht lange zu grübeln. Strahlend sah er mich an. Oh ja! Endlich wieder angeln gehen und Motorrad fahren! Er ruckelte auf seinem Stuhl herum und benahm sich wie ein kleiner Junge. Raimund konnte das Ende der Tagung kaum erwarten, so sehr freute er sich auf sein neues Leben. »Danke für den Tipp. Natürlich werde ich meine Frau vermissen«, sagte er beim Abschied zu mir, »und ich kann endlich wieder im Wohnzimmer rauchen. Und mein Sohn aus erster Ehe kann mich auch besuchen, ohne dass ich ihre hysterischen Anfälle fürchten muss. Ich brauche mir nicht jeden Abend anzuhören, dass ich immer fetter werde.« Er erstellte eine verbale Mängelliste. Aus dem offenen Wagenfenster rief er mir zu: »Als erstes werde ich mal mein Angelzeug aus dem Schuppen holen. Und nächste Woche schaue ich mir 'ne schöne BMW-Maschine an!« Sprach's und brauste von dannen.

Was du mir angetan, ich hab es den Menschen verhehlet.
Ich bin hinausgefahren aufs Meer und hab es den Fischen erzählet.
Deinen guten Namen trägst du noch auf dem festen Lande.
Aber auf dem ganzen Ozean weiß man von deiner Schande.
Heinrich Heine

Er fuhr den direkten, schnurgeraden Weg aus dem Leidenslabyrinth!

Kollision

Wenn wir eine Beziehung beginnen, sind wir voller Schwung und Elan für Dinge, die wir gemeinsam erleben wollen. Es kommt uns gar nicht in den Sinn, wir könnten uns so unterschiedlich entwickeln, so dass wir nicht mehr konsensfähig sind. Das Geheimnis der gegenseitigen Anziehung beschäftigt mich immer wieder. Nicht nur für mein eigenes Leben, sondern auch, wer und was sich rundherum um mich abstößt oder anzieht. Warum wollen wir unbedingt den da und keinen anderen? Es ist phänomenal. Oftmals ist die erste Anziehungskraft so stark, dass wir störende Eigenschaften einfach ignorieren. Oder wir denken: »Ach, mir zuliebe wird er damit aufhören!«

Kristine und Charles haben nur eines gemeinsam: Eine wunderhübsche, bezaubernde, unkompliziert fröhliche dreijährige Tochter. Was für ein Geschenk! Aber das war's dann auch schon mit der Gemeinsamkeit. Ansonsten stimmt nichts und klappt nichts. Es gibt nur böse Worte, Anschuldigungen, Nörgeleien, Beschimpfungen. Beide mag ich sehr gern, jeden für sich. Zusammen sind sie unerträglich. Im Grunde ist es wie bei meinen Eltern. Ihr Kind lieben sie sehr.

Aber sie lieben sich nicht. Warum bleiben sie also zusammen? Wegen der kleinen Tochter! Eigentlich gibt es ganz gute Ansätze in dieser Beziehung. Charles hat sein Haus in Süddeutschland behalten und flüchtet alle paar Wochen dorthin. Kristine lebt mit der Tochter in ihrer norddeutschen Wohnung. Das ist eigentlich eine gesunde Abgrenzung. Wenn denn das gegenseitiges Misstrauen nicht wäre. Kristine kann sich gut vorstellen, »was er dort so treibt«. Charles hat Angst, Kristine könnte ihm das Kind entfremden. Die Sehnsucht nach der Kleinen treibt ihn dann immer wieder in den Norden und alles eskaliert aufs Neue. Charles kümmert sich hingebungsvoll um die gemeinsame Tochter. Kristine findet auch, er sei ein guter Vater, aber dieses und jenes könne er anders machen, besser machen, so nicht ... Also gibt es Nörgeleien und Zwistigkeiten um Belanglosigkeiten. Zwei, die sich einmal sehr anziehend fanden und die eine glückliche (kurze), heftige Phase der sexuellen Ekstase miteinander verband, vermeiden jegliche Berührung. Charles zuckt wie bei einem Stromschlag zurück, wenn Kristine ihn berührt. Sie sind kollidiert und waren danach völlig beschädigt. Es gibt nichts mehr zu reparieren und zusammenzuschweißen. Das Merkwürdige ist, Partner in einer Beziehungskrise klagen ihren Freunden ständig etwas vor, fordern Meinungen und Stellungnahmen, erwarten sogar noch, man solle dem anderen mal die Leviten lesen oder ihn zur Rede stellen. Das ist ein sehr schwerer Freundschaftsdienst. Meistens wird auch gar nicht auf Tipps und gute Ratschläge gehört, auch wenn man noch so erfahren oder lebensklug ist. Der gute Rat: Trennt euch! wird abgetan und überhört. Es schwebt immer die Hoffnung im Raume, die Beziehung sei noch zu retten. Begründung: Das Kind braucht doch eine Familie.

Der gute Ansatz der räumlichen Trennung wird nicht konsequent durchdacht und vollzogen. Immer wieder prallen Kristine und Charles zusammen. Sie sind ein modernes Paar, nicht mehr ganz jung, beide Anfang vierzig, beziehungserfahren, unverheiratet. Die Lösung ist sichtbar. Jeder hat seinen Wohnsitz und kann für sich allein sorgen. Beide wollen sich um ihr Kind kümmern. Gibt es kein Lösungsmittel für die »Chemie«, die am Anfang gestimmt hat?

So genannte schlechte Ehen halten oft deshalb gut zusammen, weil sie nicht selten außerordentlich aufreibend sind. Den Leuten bleibt keinerlei Lust und Kraft zu Seitensprüngen. Sie sind durch ihr eheliches Unglück so fest gebunden, wie andere durch ihr Eheglück; ja, fast möchte ich die erste Art der Bindung für die noch festere halten.
Heimito von Doderer

Schutz suchen und durchsieben

Es gibt viel abzuwickeln und zu entscheiden, wenn du alles verlierst, geplagt von Zukunftsängsten. Eine meiner Lieblingskundinnen tröstete mich: »Wenn du gar nicht mehr weiterweißt und dir alles zu viel wird, dann musst du deine Sorgen und Ängste nach oben abgeben. Bitte Gott oder das Universum um Beistand. Sage deutlich, du kannst nicht mehr. Du wartest jetzt auf Dinge, die auf dich zukommen.«

Das half mir sehr. Ich erinnerte mich auch wieder daran, früher mit meiner Mutter gebetet zu haben. Wie wohl hatte ich mich bei dem Gedanken gefühlt, da oben ist jemand, der dich vielleicht beschützt.

Schutz fand ich auch bei einem Freund, dem ich meine Nöte anzuvertrauen wagte, denn nach außen und vor meinen Kunden musste ich ja die starke Frau spielen. In solchen Zeiten, wenn du genau weißt, der Zusammenbruch naht, ist es gut einen Menschen in deiner Nähe zu haben, der deine Hand hält, der dich in den Arm nimmt und sagt: »Alles wird gut.« Du wirst etwas loslassen müssen, aber du wirst nicht fallen gelassen. Denn du wirst bitter erkennen müssen, dass Freunde nicht gleich Freunde sind. Geht es dir schlecht, gibt es immer Menschen, die noch zusätzlich auf dir herumtrampeln. Das ist leidvoll. Aber es bleibt dir nichts anderes übrig, als diese angeblichen Freunde durchs Sieb fallen zu lassen.

Ein wahrer Freund trägt mehr zu unserem Glück bei als tausend Feinde zu unserem Unglück.
Marie von Ebner-Eschenbach

Du musst ein ganz neues Kapitel aufschlagen in deinem Leben. Ja, eigentlich musst du sogar ein ganz neues Buch beginnen!

Besinne dich auf die, die dir wirklich nahe stehen. Weihe die Freunde ein, die wirklich etwas bedeuten. Wenn sie dir in deiner größten Not beistehen und dir zuhören, dann werden sie auch in deinem neuen Lebenskapitel eine Rolle spielen.

Die anderen, die nur den Kopf schütteln oder dich mit Vorwürfen und Besserwissereien überhäufen, die kannst du getrost streichen, löschen, aussortieren, durchsieben. Weine ihnen keine Träne nach. Sie sind es nicht wert. Denke trotzdem an die netten miteinander verbrachten Stunden ohne Arg. Das ist ein Kapitel, das abgeschlossen ist. Es gehört zu deinem Leben, es hat dich auch zu dem gemacht, was du jetzt bist. Klingt alles ziemlich nach Klugscheißerei, ist aber so.

Für jede Lebensphase gibt es andere Freunde. Wenn dich ein Freund oder eine Freundin wirklich ein ganzes Leben begleitet, dann ist das wirklich ein Geschenk des Himmels.

Vor kurzem erst habe ich meiner ehemaligen Freundin Maja einen langen Brief geschrieben. Die letzten beiden Sätze lauteten:

»Ich nehme mir die Freiheit heraus, dir nicht zu verzeihen. Wir werden uns nicht wiedersehen.«

Das klingt sehr hart und ungerecht.

Über ein Jahr hatte ich mir Zeit gelassen mit diesem Brief an sie. Ich hatte mich nach meinem Fortgang aus der Kleinstadt, in der wir Freunde waren, nicht mehr gemeldet. Und sie wusste auch nicht, wo ich abgeblieben war. Ganz ohne Groll und Hassgefühle habe ich die Situation, die ich ihr nicht vergeben kann, immer wieder vor Augen geführt. Mir wurde immer klarer, dass sie nicht mehr meine Freundin sein konnte.

Während meiner Ablösung aus der Stadt, in der ich über dreißig Jahre meines Lebens verbracht hatte, hatte sie mich angegriffen und völlig sinnlos beschimpft. Ich habe es bis heute nicht verstanden. Begriffen habe ich jedoch, das es so etwas wie Neid sein musste:

Du gehst weg und lässt hier einfach alles zurück. Du fängst ein neues Leben an, und ich soll dir auch noch dabei helfen!

Ja, ich wollte ein ganz neues Leben beginnen. Nein, ich *musste* doch ein neues Leben beginnen!

In solchen Lebensabschnitten fragt man doch seine Freunde, ob es möglich ist, einmal mit anzupacken, zu helfen. Wenn dann nur Ausbeutungsbeschuldigungen folgen, obwohl es die allererste Bitte um Hilfe war, die ich an sie gerichtet hatte, dann sollte man nicht ins Betteln verfallen.

Der Zustand, in dem ich mich befand, war mehr als lebensfeindlich. Ich hatte mich selbst hineinmanövriert.

Trotzdem bin ich froh und glücklich, dieses Kapitel durchlebt zu haben. Es hat mich reich und wissend gemacht. Hätte ich weiter ausgeharrt in meiner lebensfeindlichen Situation und hätte ich nicht losgelassen, wäre ich nie dort angekommen, wo ich jetzt bin.

Ach, der psychische Schmerz ist leichter zu ertragen als der physische, und gewährt man mir z. B. die Wahl zwischen einem bösen Gewissen und einem bösen Zahn, so wähle ich ersteres.
Heinrich Heine

Diane im Chaos

Diane ist eigentlich schon erwachsen. Sie ist neunzehn Jahre alt. Aber Diane steht noch nicht auf eigenen Füßen. Sie hat keine abgeschlossene Berufsausbildung und demzufolge auch kein Geld. Ab und zu jobbt sie in Schnellrestaurants oder trägt Zeitungen aus, aber das wird ihr schon nach kurzer Zeit zu stressig. Lange hält sie es nirgends aus. Was sie beruflich machen will, ist ihr nicht klar. Und eigentlich hat sie auch überhaupt keine Lust, darüber nachzudenken. Sie würde sehr gerne bei ihrer Mutter wohnen bleiben. Da ist ihr Zimmer, ihr warmes Bett, eine Waschmaschine, Mamas tolle Klamotten im Schrank und immer reichlich Zigaretten. Außerdem ist der Kühlschrank gefüllt und Mamas Auto steht ja doch nur herum. Ihre Mutter möchte jedoch endlich allein leben.

Diane nimmt ihren Eltern immer noch übel, dass sie sich vor zwei Jahren getrennt haben. Ihre heile Kinderwelt ist zerstört und es scheint, als ob sie sich dafür rächen wolle.

Immer schon etwas verrückt, mausert sie sich jetzt vollends zur Mütterplage. Die Ausbildung als Krankenschwester brach sie ab. Die Buchhaltung im Betrieb ihres Vaters wollte sie auch nicht machen. Den Besuch einer weiterführenden Schule schwänzte sie permanent. Wenn ihre Mutter, meine Freundin Lea, verreist ist, feiert sie Orgien mit unbekannten Freunden im

Haus und vergisst anschließend aufzuräumen. Leas Kleider werden anprobiert, beschnitten, eingefärbt, gewaschen und anschließend hinter das Sofa gestopft, »damit Mama es nicht merkt«. Die *Unfälle*, die ihr passieren, häufen sich. Sie kugelt sich beim Gerangel mit ihrem Freund einen Arm aus oder fährt mit ihrem Fahrrad gegen einen parkenden Lastwagen. Beim Versuch, für den Führerschein zu üben, landet sie im Straßengraben, und als ihre Mutter wieder nach Griechenland fliegen will, ritzt sie sich beim Aufschneiden des Brötchens die Pulsader auf ... Mit aller Macht versucht Diane zu verhindern, dass ihre Mutter sie loslässt. Diane klammert auf ihre Weise. Alleine wohnen? Ausgeschlossen! Lea hat ihr eine kleine Wohnung in der benachbarten Kleinstadt eingerichtet. Aber Diane lässt angebliche Freunde darin wohnen, damit sie etwas Miete eintreiben kann, und kehrt dann immer wieder zurück in Mamas gemütliche *Hütte*. Lea möchte durchgreifen und Diane hinauswerfen, schreckt aber vor der letzten Konsequenz zurück, wenn Diane beteuert, sie werde alles ganz ordentlich hinterlassen. Doch mit schöner Regelmäßigkeit endet es jedes Mal wieder in einem Chaos.

Auch wenn die Brücke bricht,
bestehen die Ufer weiter.
Stanislaw Jerzy Lec

Ich ließ sie einfach los

Ja, ich ließ sie los. Aber sie schlug nicht auf. Meine älteste Tochter Aglaia war schon sehr früh flügge. Mit fünfzehn Jahren wollte sie nicht mehr mit der Familie in Urlaub fahren. Mit fünfzehn übernachtete sie schon bei ihrem gleichaltrigen Freund. Mit fünfzehn war sie aus unserer Familie entwichen. Zugegeben, ich hatte schlaflose Nächte. Mit meinem Mann konnte ich nicht darüber sprechen. Er hatte in ihrer Abwesenheit eine übermenschliche Toleranz, die aber in ihrer Gegenwart in einen abartigen Diskussionszwang über die Möglichkeiten in der heutigen Gesellschaft umschlug. Allein dieses »wichtige« Herumpalavern trug dazu bei, dass Aglaia sich lieber bei Stevens Familie aufhielt. Natürlich war ich neidisch, denn mir fehlten die Gespräche mit Aglaia. Sie fehlte auch ihrer kleinen Schwester Klarissa. Aber es half nichts, damit hatte ich mich abzufinden. Wir alle hatten uns damit abzufinden. Auch die Hunde, die hinter ihr her jaulten, wenn sie die Gartenpforte zuschlug. Was mir besonders schwer fiel, war die Tatsache, keinen Einfluss mehr zu haben. Wie jede Mutter fürchtete ich ein Absinken der Schulnoten. Ich bemerkte auch eine politische Neuorientierung, die nicht unbedingt meiner entsprach. Es war jedoch alles in allem eine rechtschaffene warmherzige Umgebung, in der sie sich aufhielt, und ich hatte kein Recht ihr den Aufenthalt dort zu untersagen. Auch fand ich es wichtig, sie ihre Erfahrungen selbst machen zu lassen, sich zurecht zu finden in einem völlig anderen Umfeld, sich anpassen zu lernen ohne den mahnenden Blick der Eltern. Und so saß ich oft abends sinnierend über einem Buch, ohne richtig lesen zu können, und sagte in mich hinein: »Es ist in Ordnung so, wie es ist. Aglaia tut nichts Unrechtes. Ich nehme ihre Entscheidung ernst. Sie ist eine Persönlichkeit, sie hat ihre Individualität.« Außerdem ist sie aufgeklärt. Sie weiß, worauf sie achten muss. Ich muss mir keine Versäumnisse ankreiden. Wir haben ihr Werte mitgegeben für ihren Weg auf dieser Welt. Indem ich ein Stück der Verantwortung abgebe, bin ich nicht verantwortungslos. Wenn sie mich braucht, kann sie kommen. Das weiß sie.«

Und je öfter ich mir das sagte und je klarer mir wurde, dass sie ja weiterhin meine Tochter bleibt, desto mehr genoss ich meine zusätzlich gewonnene Freiheit. Auch ich fühlte mich reifer. Ja, ich freute mich über ein neues Kapitel in meinem Leben. Ich wollte nie die ewige Mutter sein. Noch heute bin ich froh, ihr die Eigenständigkeit und Eigenverantwortlichkeit gelassen zu haben. Indem ich SIE gelassen habe, in die Unabhängigkeit entlassen habe, habe ich sie losgelassen.

Aber das Wunderbare daran ist, ich habe sie niemals verloren. Sie wurde erwachsen voller Vertrauen in das Leben und hat ein Verantwortungsgefühl und eine Selbstständigkeit erlangt, die sie an ihre Tochter, meine Enkelin, weitergeben kann. Unser Loslassenkönnen hat unsere Nähe, unsere tiefe innige Beziehung noch verstärkt.

Was du wirklich besitzest,
das wurde dir geschenkt.
Marie von Ebner-Eschenbach

Die Bilder der Vergangenheit

Blick zurück, aber nicht im Zorn

Du kannst aus deinem Loslassen einen bühnenreifen Abgang machen, eine Performance, eine Showeinlage. Du kannst dich auch einfach umdrehen und die Tür sachte hinter dir schließen, um nie mehr zurückzukehren. Ganz nach Empfinden und Befinden und nach Temperament. Es hilft sehr, wenn du dort angekommen bist, wo du ankommen wolltest, und du ab und zu zurückblickst. Denn es ist schon ein Unterschied, ob du selbstbewusst und erhaben gehst oder ob du dich schluchzend an deine Goldrandsuppenterrine klammerst. Blicke zurück, aber nicht zu oft. Auch wenn du immer einmal wieder den Drang verspürst zurückzukehren. Widerstehe. Es geht nur in den seltensten Fällen gut. Von einem Fall will ich dir berichten, dem ich bis heute nicht so recht traue. Jedoch immer, wenn ich nachfrage, ist alles in Ordnung und alles wieder eingerenkt und alles wieder schön und friedlich und konsensfähig. Das scheint es zu geben. Oder hat einer freiwillig resigniert?

Es ist die Geschichte von meinem Anwalt Moritz und seiner Frau Gisa, dreiundzwanzig Jahre verheiratet, ein erwachsener Sohn. Die zwei waren oft in meinem Geschäft und ich hielt sie für ein absolut glückliches Paar. Sie schienen total eingespielt. Ich hatte wirklich den Eindruck, sie konnte sehr gut damit umgehen, dass er bei jeder passenden und unpassenden Gelegenheit seine leicht makabren Scherze und seine schlüpfrigen Witze anbringen musste. Es war rührend mitzuerleben, wie er auf ihre Wünsche einzugehen schien und sein Blick ruhte oft wohlwollend und stolz auf ihr, wenn wir miteinander sprachen. Eines Tages dann war sie ausgezogen. Ich konnte es nicht glauben. Getrennt voneinander erzählten mir beide den Grund. Gisa bemängelte, er sei zu häuslich, wolle nie verreisen. Sein Garten und seine Volière seien ihm völlig genug, nie Kino, nie Shopping, immer nur in Hausschuhen auf dem Sofa. Und irgendwie war die Liebe auch erschlafft. Aber sie wollte noch etwas mehr erleben, als seinen Fischen etwas Futter ins Aquarium zu streuen. So zog sie aus, blieb zwei Jahre fort, hatte aber immer freundschaftlichen Kontakt mit ihm. Er akzeptierte ihre Entscheidung. Ja, er wurde plötzlich agil, gestaltete Haus und Garten nach englischen Vorbildern um, was Gisa stets abgelehnt hatte. Moritz reiste nach England, um sich in historischen englischen Gärten Anregungen zu holen. Er fühlte sich frei, obwohl er die Trennung nicht gewollt hatte. Gisa versuchte inzwischen verzweifelt, sich zu verlieben, in einen anderen Mann natürlich. Es gelang nicht. In diesen zwei Jahren der Loslösung und der freien Entfaltung muss in beiden eine Veränderung vorgegangen sein. Ich bekam eine Einladung zu ihrer Silberhochzeit ins Haus. Moritz und Gisa zogen tatsächlich wieder zusammen und feierten fünfundzwanzig Jahre Ehe minus zwei Jahre Trennung. Sie bekundeten vor allen Gästen, wie sehr sie sich immer noch liebten und achteten und diese zwei Jahre Loslösung hätten dazu beigetragen, das zu manifestieren. Beide hatten so gelebt, als wenn diese Trennung für immer sein sollte. Und doch gab es ein Zurück. Sie leben immer noch zusammen. Ich halte das für ein Wunder und bin immer sehr glücklich, von ihnen zu hören. Vielleicht ist eine vorübergehende Ablösung in einigen Fällen wirklich eine

Die Menschen, denen wir eine Stütze sind, die geben uns den Halt im Leben.
Marie von Ebner-Eschenbach

gesunde Lösung. Ein Geheimrezept ist es allerdings nicht. Ich bin überzeugt, es funktioniert nur in den allerseltensten Fällen. Aber Moritz und Gesa scheinen es geschafft zu haben.

Puppen im Müll

Natürlich wollte ich als kleines Mädchen auch mit Puppen spielen. Und weil ich mir so sehnlichst eine Puppe wünschte, bekam ich an meinem sechsten Geburtstag von meiner Lieblingstante eine schöne große Porzellanpuppe mit echten blonden Haaren per Post geschickt. Sie war schön, gewiss, meine Freude erhielt jedoch einen erheblichen Dämpfer. Meine Tante bestimmte, wie diese Puppe heißen sollte: Monika. Am gleichen Tag verehrte mir eine Nachbarin die Schildkröt-Puppe ihrer verstorbenen Tochter. Diese Puppe sollte ich auf Wunsch der Nachbarin Hilde nennen. Ich hatte nun also zwei Puppen, die so unterschiedlich waren, dass sie keine »Geschwister« sein konnten, und ich fühlte mich nicht wie eine richtige Puppenmutter, da ich ihnen nicht selbst die Namen aussuchen durfte. Nie kam ich auf den Gedanken, sie umzubenennen. Nein, ich traute mich einfach nicht. Verantwortungsvoll »zog ich sie groß«. Niemals lagen sie verrenkt in irgendeiner Ecke. Niemals hockten sie unbekleidet in ihrer Puppenkarre. Ich hatte die Pflicht, gut zu sein zu Monika und Hilde. Aber ich liebte sie nicht.

Als ich das erste Mal heiratete, entledigte ich mich ihrer. Ich öffnete den Deckel des Mülleimers und steckte die kopfüber hinein. Meine Kindheit war beendet. Es wäre mir unmöglich gewesen, meine Puppen auf dem Sofa in meinem zukünftigen Wohnzimmer sitzen zu haben. Ich wollte eine selbstbestimmende Persönlichkeit sein, ernst genommen werden. Monika und Hilde hatten elf Jahre lang dokumentiert, dass ich als Kind nicht ernst genommen wurde. Dagegen zu opponieren, indem ich sie umbenannte, hatte ich mich nicht getraut, aber jetzt spürte ich meine wachsende Individualität. Alle, und ich betone ALLE meine Freundinnen, denen ich davon erzählte, waren fassungslos. Für mich war es völlig normal, meine Kindheit auf diese Weise loszulassen. Die Kunst des Loslassens ist erlernbar, wenn du dir deiner eigenen Persönlichkeit bewusst wirst.

Der Akt des Ungehorsams als Akt der Freiheit ist der Anfang der Vernunft.
Erich Fromm

»Vergiss nie, dass du vom Leben etwas zu erwarten hast«, pflegte mein Großvater zu mir zu sagen.

»Gib dich nie auf. Gib deinem Leben Sinn und Richtung. In ein einmal verlassenes Paradies kann der Mensch nicht zurückkehren. Wir müssen offen sein für neue Gefilde.«

Weißer Vorhang oder Paravent?

Wenn du dich entschlossen hast, gegangen bist, losgelassen hast, kommen doch immer wieder die alten Bilder der Vergangenheit. Du versuchst wahrscheinlich, deine alten gelesenen Kapitel zuzuklappen und erst einmal wegzulegen. Doch aus den Kapiteln, die du hinter dir gelassen hast, ist eine Verfilmung geworden, und die gleichen Sequenzen spielen sich immer wieder vor deinen Augen ab. Vor allem, wenn du mit Situationen in deinem Jetzt nicht einverstanden bist. Dann kommt aus deinem Gehirn: Film ab.

Und wieder musst du die gleiche Szene betrachten, immer und immer wieder. Du kannst die Augen nicht davor verschließen, denn dann wird der Film oft noch deutlicher.

Als ich meinen ersten Mann verlassen hatte und mich daran übte, ihn auch wirklich loszulassen und mein neu aufgenommenes Leben zu akzeptieren, schalteten die Filme sich immer automatisch ein. Meistens gab es das Film-ab-Kommando, wenn ich ziemlich unzufrieden war und darüber nachdachte, wie hätte denn nun Ehemann Nr. 1 reagiert? Und schon spulten sich die allerpositivsten Geschichtchen aus meiner Vergangenheit ab. Sehr oft im Urlaub, wenn Nr. 2 herumpöbelte, weil nur dummes Volk auf der Fähre Richtung Göteborg herumlief oder wir keine Bleibe fanden vor der Abenddämmerung, kamen die Bilder vom fröhlichen, entspannten Nr. 1. Um den Film zu zerstören, versuchte ich krampfhaft eine ätzende Säure herbeizudenken und einen neuen Film ablaufen zu lassen mit negativen Begebenheiten. Aber die Filmspule klemmte. Es funktionierte einfach nicht. Hinzu kam, ich nahm meine Umgebung gar nicht mehr wahr, so intensiv schaltete ich ab. Weder hörte ich die Ansage von Nr. 2, ich solle endlich mal auf die Landkarte schauen: Welche Richtung, *verdammt*! Noch nahm ich die Schönheit der Landschaft wahr. Natürlich fiel Nr. 2 das Desinteresse an meinem Ist-Zustand auf und reagierte mit Aggression. Und auch ich wollte ja die alten Filme zerstören. Es waren abgeschlossene Kapitel! Aber so richtig abgeschlossen eben doch noch nicht. Ab in die Mottentruhe! Als es schier unerträglich wurde für beide Seiten, musste ich mir etwas einfallen lassen. Schließlich wollte ich nicht nur meinen Alltag bewältigen und genießen, sondern auch Entspannung in den Urlauben finden. Ich überlegte mir, was ich im normalen Leben unternehmen würde, um mich abzugrenzen. Mauern bauen? Zu destruktiv! Zu viele Abläufe! Mörtel rühren und mit der Maurerkelle Stein auf Stein … nein! Es musste etwas sein, was ich mit einer Hand bewältigen könnte und was doch so mächtig war, diesen Film zu verdecken. Außerdem wollte ich meine Erinnerungen ja nicht vermauern oder begraben. Der Zugriff sollte schon noch möglich sein.

Ich erdachte mir einen schweren, schneeweißen Vorhang an einer schweren Stange mit schweren Metallringen. Und immer wenn meine Filme begannen, sich selbstständig abzuspulen, riss ich mit einem Ruck und einem metallischen Ratsch den Vorgang vor das vergangene Geschehen. Es ist klar, ich musste mich auch disziplinieren, es zu tun. Aber allmählich wurde mir das Zuziehen zur Gewohnheit. Manchmal spielte ich mit den Möglichkeiten und schob hin und wieder einen hübschen Paravent davor. Eines Tages bemerkte ich, dass ich keinen Vorhang und auch keinen Paravent mehr brauchte. Trotzdem sind meine Erinnerungen gespeichert. Ich habe jederzeit freien Zugang und kann inzwischen auch wieder alte Familienbilder anschauen, ohne in Tränen auszubrechen.

Verlust ist nichts anderes als Verwandlung.
Marc Aurel

Vorhang oder Paravent ist wirklich eine gute Übung, aber du suchst dir einfach deine eigene Abgrenzung.

Einsamkeit, wie bist du übervölkert!

Ich habe es dir schon erzählt: Seit meiner frühesten Kindheit war es mein Lebenstraum, ganz entspannt im gemütlichen Sessel und völlig ungestört bei einer Tasse Tee oder einem Glas Rotwein ein Buch lesen zu können.

Wenn du Angst vor der Einsamkeit hast, dann denke darüber nach, was für wundervolle Dinge man ganz alleine anstellen kann. Ich lese und schreibe gerne ungestört. Das Alleinsein inspiriert mich. Alleinsein heißt ja nicht, einsam zu sein. Es ist auch schön, ohne Seitenblicke irgendeines männlichen oder weiblichen Wesens einen tränenreichen Schmachtfetzen im Fernsehen anzuschauen. Ich gehe auch sehr gerne allein spazieren, um meine Gedanken zu ordnen. Meine Freundin Lea liebt es, alleine in ihrem winzigen Gärtchen auf der weißen Gartenbank zu sitzen. Über ihr die Birke. Stundenlang hängt sie dort ihren Gedanken nach und lauscht den fernen Dorfgeräuschen.

Bibi lackiert sich gern die Fingernägel in smaragdgrün oder sommerfliederlila und ist froh, dabei nicht diskutieren zu müssen, ob das nun gut für die Nägel oder doch eher Mangel an Geschmack ihrerseits ist.

Auch Erich Fromm weist in seinem Buch »Die Kunst des Liebens« immer wieder darauf hin, wie wichtig es ist, sich ab und zu gegen die Zerstreuung zu wehren und ganz bewusst sich auf das Alleinsein zu konzentrieren. Zitat: *»Wenn man konzentriert ist, spielt es fast keine Rolle, was man tut; die wichtigsten wie auch die unwichtigen Dinge bekommen eine neue Dimension der Wirklichkeit, weil man ganz geöffnet ist.«*

Was ich auch immer als kräftezehrend empfunden habe, sind banale Gespräche, Gewäsch, Geschwafel, Gedröhne. Manche Leute haben Talent, einen in langatmige Gespräche zu verwickeln, aus denen man völlig erledigt hervorgeht. Ich meine nicht Unterhaltungen über ein Thema, das interessiert. Hier ist Zuhören gefragt! Denn Zuhörenkönnen ist wichtig. Wenn jemand dir überhaupt nicht zuhören kann und immer wieder dazwischenfährt, dann drehe dich um und gehe. Aber du solltest auch prüfen, ob du selbst ein guter Zuhörer bist.

Und erzähle mir nicht, du kämest dir deplatziert vor, weil deine Freunde nur paarweise auftreten. Wenn keiner der beiden dich aufnimmt und dich einbaut in die Gesellschaft, dann kannst du sie getrost vergessen. Sie sind deiner Mühe nicht wert. Noch ein Abschied, und unter Umständen tut der auch weh! Aber du solltest während deines Ablösungsschmerzes nicht gleich zur Partynudel avancieren. Das kann mal für ein paar Nächte ganz gut tun, aber dann brauchst du auch wieder die Ruhe und das Alleinsein, um dich zu entfalten.

Produktive Arbeit und produktives Denken ist nur möglich, wenn du alleine mit dir sein kannst. Nur wenn du dich bei dir zu Hause fühlst, kannst du auch mit den anderen Menschen in Beziehung treten.

Schreib deine Empfindungen in ein schönes leeres Buch. Nimm deinen besten Füller, zünde eine Kerze an, schenk dir dein Lieblingsgetränk ein und beginne zu schreiben. Mache aus manchen Handlungen ein Ritual für dich allein. Sei gut zu dir und gönne dir die Zeit mit dir allein. Vielleicht lernst du einen ganz neuen Menschen kennen.

Die Einsamkeit wäre ein idealer Zustand, wenn man sich die Menschen aussuchen könnte, die man meidet.
Karl Kraus

Verschrammt, aber glücklich

Wenn man schon einmal geschieden worden ist, kann man sich nicht vorstellen, ein zweites Mal geschieden zu werden. Bei ihrer zweiten Eheschließung hatte Rosa sich fest vorgenommen, sich nicht mehr selbst zu betrügen. Komme, was da wolle, sie wollte ehrlich zu sich selbst sein. In ihr Tagebuch schrieb sie: »Ich werde mich und mein Tagebuch nie mehr belügen. Was mir missfällt in meiner neuen Beziehung, das will ich klar aussprechen oder niederschreiben.« Das tat sie. Nichts beschönigte sie mehr, nichts verschwieg sie. Wie ich auch, hatte Rosa bis dahin jahrelang in ihr Tagebuch hineingelogen.

Rosa listete so schonungslos ihre Enttäuschungen auf, dass sie sich eines Tages fragte, was sie an diesem Mann eigentlich noch liebte? War es sein gutes Aussehen gewesen? War es die Tatsache, dass alle Frauen nach ihm Jagd machten, aber sie ihn erlegt hatte? War er ihr Racheakt gegen ihren ersten Ehemann? Ehemann Nr. 1 hatte nämlich behauptet, in ihrem Alter würde sie eher von einem Amokläufer erschossen werden als noch einen Mann fürs Leben zu finden. Verlassene reagieren so geschmacklos. Es ist doch eigentlich eher witzig, oder?

Hinzu kamen unterschiedliche Vorstellungen, wie der Urlaub verbracht werden sollte. Schon ihr erster Mann wollte jedes verdammte Jahr immer nur nach Dänemark und auch für Jonni, Rosas Mann, kam immer nur der hohe Norden in Frage. Rosa gab nach, schließlich wollte sie ja eine unbeschwerte Ferienzeit. Unbeschwert allerdings wurde es nie, denn es wurden jedes Jahr richtige Expeditionen. Gletscherbesteigungen mit durchtrainierten Bergfetischisten, Kajaktouren auf eiskalten Fjorden.

Anschließend wurde mit klammen Fingern noch ein karges Dosenfleischmahl auf dem Spirituskocher gekocht. Übernachtung meist auf kahlem Fels im mückenumsummten Zelt, die zerschundenen Knochen in zwei Schlafsäcke gewickelt. Gleich am nächsten Tag ging es weiter, schließlich sollte es ja bis ans Nordkap gehen. Kilometer schinden in Rosas Oldtimer. Meistens fuhr sie. Die Berge rauf und wieder runter. Nirgends verweilen. Auch die organisatorische Abwicklung oblag Rosa, da sie die skandinavischen Sprachen beherrschte. Wenn sie einmal wenigstens drei Tage zur Erholung an einem schönen Ort bleiben wollte, gab es ungeduldige Worte von seiner Seite.

Rosa kam jedes Mal wie gerädert zurück. Urlaubsreif. Sie hatte in ihrem Beruf viel Verantwortung zu tragen und konnte darum abends sehr schlecht abschalten. Sie gab auch zu, dass so ein Urlaub sehr gut dazu beitrug, alles zu Hause zu vergessen, einfach weil man abends zu erledigt war. Entspannung war es nie, aber gerade die hätte Rosa dringend nötig gehabt. Rosa, mit einer ordentlichen Portion Humor gesegnet, war geneigt, ein Drehbuch darüber zu schreiben.

Mit ihren Freundinnen feixte sie oft, wenn es mal wieder sehr heftig wurde in ihrem Eheleben: »Ich bin schon einmal geschieden. Ich weiß, wie es geht.«

Zu einem Konsens war Jonni nicht fähig. Alternativvorschläge lehnte er kategorisch ab. Rentnerurlaub könne er immer noch machen. Inzwischen war Rosa soweit, dass sie einen Urlaub ohne ihn schon gar nicht mehr in Betracht zog, sondern eher ein Leben ohne ihn.

Eines Tages, als Jonni mit seiner Lieblingskatze auf dem Bauch vor dem Fernseher lag und sie anblaffte, ob sie schon die letzten Urlaubsfotos entwickelt habe, packte sie ihre Sachen zusammen. Auf seine Frage, ob sie Klamotten für die Kleidersammlung zusammenraffe, antwortete Rosa: »Ich packe meinen Koffer für eine Reise nach Florenz. Nach meinem Florenzaufenthalt werde ich nicht zu dir zurückkehren. Vorerst werde ich bei einer Freundin wohnen, die gerade ihren Freund vor die Tür gesetzt hat.« Jonni sagte kein einziges Wort. Starr und mit offenem Mund verfolgte er Rosas Abgang. Sie ließ die Tür ins Schloss fallen und war entronnen.

Nichts entfernt zwei innerlich wenig verwandte Menschen mehr voneinander, als das Zusammenleben.
Marie von Ebner-Eschenbach

Rosa hat die Kunst des Loslassens gründlich studiert. Jedes Mal geht sie verschrammt aus einem Abschied hervor. Aber die Schrammen heilen. Und das Glück zu leben, frei und selbstbestimmt zu leben, dieses Glück findet sie unbeschreiblich. Auch wenn sie ganz von vorne anfangen muss.

Vergiss nicht durchzuatmen

Adelheid und ich sind uns in einigen Dingen sehr ähnlich. Wir vergessen ab und zu durchzuatmen. Fast zur gleichen Zeit zogen wir aus den Häusern unserer ersten Ehe aus. Kinder fast erwachsen, neuer Mann. Wenig später Wunschtraumerfüllung

– Selbstständigkeit. Betriebsamkeit und Streben nach neuen Aufgaben im Leben helfen über so manchen Ablösungsschmerz hinweg. Wir waren unbändig stolz auf unseren Erfolg. Adelheid konnte günstig eine Boutique übernehmen. Und auch ich wurde Unternehmerin. Unsere Geschäfte lagen in der gleichen Stadt, und wir hielten ständig Kontakt, um unsere Erfahrungen auszutauschen. Wir glaubten zehn Jahre lang, unsere Träume verwirklicht zu haben, und schufteten uns fast zu Tode. Aber wir waren wer in dieser Kleinstadt. Die Kunden liebten uns. Es nützte nur überhaupt nichts. Es hilft kein Know-how und kein »feeling«, wenn die Geschäfte schlechter gehen, die Kundschaft in der Großstadt kauft und nur noch zum Plaudern kommt, weil es so nett ist. Das Geld für Klamotten und Kultur saß nicht mehr so locker. Die Konkurrenz schlief nicht, die Zinsen und Tilgungen liefen weiter, die Mietverträge leider nicht. Die Banken wollten Bilanzen, Zahlen und luden zu ernsten Gesprächen ein. Unser Lebenswerk, alles dahin? In so einer Situation zeigt sich dann auch, ob der Partner alles mitmacht, ob man ihm alles erzählen kann, ohne dass es Vorwürfe über das angebliche Versagen hagelt. Ich verlor alles. Vom Ehemann Nr. 2 trennte ich mich unter anderem auch, weil ich die Schelte und allabendlichen, quälend drängenden Verhöre über den Stand der Dinge nicht mehr ertragen konnte. Schon vor geraumer Zeit, fast unmerklich, hatte er sich von mir abgegrenzt. Er wollte mir zwar weiterhin helfen; aber es war Pflichtgefühl, keine Anteilnahme, keine Liebe mehr. Alles war tot. Eines Tages stellte ich mir die Frage, was mir wichtiger war. Ich konnte mir nicht vorstellen, mich von meinen Firmen zu lösen. Die Trennung von meinem Mann ging dagegen ganz leicht. Ich benutzte wieder mein lindgrünes Fluchtlaken und zog in eine winzige 1-Zimmer-Wohnung. Ihn hatten meine Sorgen so sehr zerrüttet, dass er sich hatte hinreißen lassen, mir den Tod zu wünschen, um befreit zu sein von der Last, zwei Geschäfte am Leben zu erhalten. Seine Negativität zog mich nach unten. Das wollte ich nicht zulassen, dem musste ich Grenzen setzen! Ich musste mich von ihm abwenden, weil ich sorgsam mit mir umgehen wollte, um die verbliebene Kraft dem Erhalt meiner Firmen zu widmen. Auch Adelheid hatte mit ihrem Geschäft ähnlich Probleme. Auch Adelheids Partner war entnervt. Aber die beiden blieben zusammen.

Meine Geschäftsfreundin und ich schafften es nicht, unsere Firmen zu retten. Im Frühling machte Adelheid Räumungsverkauf, ich im Herbst. Was würde aus uns werden? Wie und wo und womit könnten wir neu beginnen? Schließlich waren wir beide bereits um die fünfzig Jahre alt.

Wir waren so süchtig gewesen nach Erfolg, hatten so hart gearbeitet. Aus der Traum! Es gibt Situationen im Leben, da siehst du vor lauter Arbeit und Pflichten nicht mehr das Wesentliche. Du siehst keine Warnblinker und hörst keine Alarmanlage. Du kämpfst bis zum bitteren Ende.

Aber das Ende ist nicht das Ende. Wir waren zwar gescheitert, jedoch fühlten wir uns nicht als Versager, auch wenn der Schmerz des Verlustes groß war. Lediglich etwas schwach fühlten wir uns nach all den Jahren der Selbstausbeutung, der drohenden Selbstaufgabe. Als wir unsere Geschäfte schlossen, da wussten wir: Jetzt war es an der Zeit durchzuatmen. Und wir atmeten durch. Wir atmeten auf. Es war vorbei. Wir hatten eine schöne, spannende Zeit gehabt. Hart aber schön. Doch jetzt kommt etwas Neues.

Eine schmerzliche Wahrheit
ist besser als eine Lüge.
Thomas Mann

Die abenteuerliche Reise zu dir selbst

Meditieren in der Wanne

Du willst in diese Welt gehören. Du bist ein Teil von ihr. Du möchtest ein wichtiger Bestandteil auf diesem Erdenball sein. Du möchtest Spuren hinterlassen. All das kannst du nur erlangen, meine ich, wenn du dich aufschließt für diese Welt. Die Lust und Last des Lebens erfahren, erspüren, erschmecken. Tief verwurzelt sein in dir selbst, eine Weltbezogenheit erlangen, eins werden mit der Welt, ohne von ihr verschlungen zu werden.

Frage dich, wer du bist, horche in dich hinein, lerne dich kennen. Meditiere! Es gibt so viele Bücher mit Anleitungen darüber. Suche dir deine Meditationen selbst aus. Es geht jedoch auch ohne gelernte Texte. Schreibe dir etwas auf, was zu sagen gut tut. Sprich Sätze wie:

Diese Zeit gehört jetzt mir allein.
Jeder Gedanke in mir ist rein und ruhig.
Ich lasse ab von Dingen, die mich beunruhigen.
Ich bejahe mein Dasein und freue mich am Leben.

Meine Freundin Lea, die eine lebhafte Plaudertasche ist, findet nur zur Ruhe, indem sie sich des Rituals der Meditation unterzieht. Sie lässt Badewasser ein, gibt wundervoll duftende Badezusätze hinzu, zündet viele Kerzen an im Badezimmer, legt sich eine klassische CD auf. Das alles macht sie mit Ruhe und Hingabe. Natürlich gehört auch dazu, dass das Telefon abgestellt wird. Und weg mit dem Handy! Sie hat jeglichen Besuch abgesagt und schließt die Fenster, weil Nachbars Köter kläffen könnten.

Lea, die noch immer darunter leidet, dass sie ihren Griechen liebt, aber nicht seine Spielsucht, sagt sich Sätze wie:

Heute ist es Zeit, mich zu entspannen. Ich werde loslassen, was mir so großen Kummer bereitet. Ich werde darauf vertrauen, dass alles zu meinem Besten geschieht. Wenn die Zeit reif ist, wird das Gute sich einstellen.

Freundin Billa kuschelt sich in ihren karierten Lieblingssessel, legt die Beine hoch und die Arme locker auf die Sessellehne. Sie zündet sich eine Duftkerze an, stellt Blumen der Jahreszeit daneben und genießt die Stille ohne Musik, weil sie bei klassischen Klängen immer weinen muss.

Billa ist viel krank, sie leidet unter ihrem Übergewicht und hasst sich für ihre Fressattacken. Sie meditiert mit:

Ich werde mich von alten Verletzungen befreien. Ich lasse meinen Frust und meinen Hass los und glaube daran, dass mir das Beste zusteht. Ruhig und gelassen sehe ich der Zukunft entgegen. Ich vertraue auf Gottes Beistand.

Ich setze mich, egal wie das Wetter ist, an den großen Strom, an dem ich lebe. Bei schönem Wetter hocke ich mich in den weißen Sand und schaue auf die glitzernden Wellen. Schiffe ziehen vorbei, ich vernehme die Stimmen spielender Kinder oder miteinander plaudernder Menschen, die an mir vorbeischreiten. Und doch kann ich ganz tief versinken. Ich schaue nur. Ich denke nichts. Mein Kopf wird frei und klar. Eine innere Selbstreinigung findet statt. Bei schlechtem Wetter sitze ich, in einen warmen Mantel gehüllt, auf meiner neuen Wunschbank auf dem Kanonenberg und schaue auf das windgepeitschte Wasser. Die Wolkenformationen ändern sich, in der Ferne steigt ein Flugzeug auf. Die Bojen dümpeln heftig. Auch das nehme ich alles wahr aber ich denke nicht darüber nach. Meistens spreche ich aber einen Dank in den Himmel hinein:

Danke, dass ich hier sein darf. Ich bin hier angekommen und ich genieße jeden Augenblick. Hier ist der Ort der Entspannung, der Loslösung von belastenden Dingen. Alles kann gelingen, wenn ich diese schöne Umgebung habe mit den Menschen in meiner Nähe, die ich achte und liebe und die auch mir zugetan und wohlgesonnen sind.

Adelheid findet den nötigen Abstand vom Alltag, wenn sie ihrem kleinen Enkel beim Spielen zuschaut oder etwas mit ihm unternimmt. Das Glücksgefühl, durch einen ihrer Söhne zum Leben eines neuen Menschen beigetragen zu haben, den sie mit voller Inbrunst lieben kann, ist für sie Entspannung pur.

Die geistigen Übungen, Meditationen führen in allmählichen Stufen zum Ziel der Erkenntnis.
Hermann Hesse

Du kannst dir keinen Hampelmann basteln

Alma liebt einen Mann, der sie nicht liebt. Oder liebt er sie doch? Manchmal fühlt Alma sich sehr geliebt und aufgehoben. Tagelang schwebt sie im siebenten Himmel. Und jedes Mal denkt sie: »Jetzt, jetzt endlich sagt er mir, wie sehr er mich liebt.« Aber er sagt es nie. Er wird sogar ärgerlich, wenn Alma Bekenntnisse fordert. Er kapselt sich ab und will Alma nicht sehen, als würde er sich fürchten, sein Geständnis könne ihm unvorsichtigerweise herausrutschen. Dabei will Alma ihn gar nicht ganz und gar und mit Haut und Haaren. Sie hat schon so viel erlebt und erlitten, eine Gemeinsamkeit in Form von Ehe oder Zusammenleben im gleichen Haus ist für Alma unvorstellbar. Sie braucht ihr eigenes Nest, ihre Ruhe, die Möglichkeit der totalen Entspannung, die ihr Inspiration und Kraft für ihre anstrengende Arbeit ist. Alma kann es sich nicht mehr vorstellen, dass ein Mann ihr in Alltäglichkeiten hineinredet. Aber begehrt möchte sie werden, auch mal einen Satz hören wie: »Du bist eine so schöne Frau.« oder »Wenn ich dich sehe, werde ich ganz schwach.« oder »Ich habe dich vermisst.« oder »Ich möchte so gerne ein paar Tage mit dir verreisen.« Alma hat diese Sätze noch niemals gehört. Sagt sie ähnliche Dinge, verlässt er fluchtartig ihre Wohnung. Dabei gibt es so viele Gemeinsamkeiten, so viel Lachen, Lust und Laune, Zärtlichkeiten und liebevolle Blicke. Spannende Diskussionen und Abende voller schöner Geschichten. Spaziergänge Hand in Hand, sich Necken und Veralbern. So viel Wundervolles, so viele Gemeinsamkeiten, und doch ist jeder ein Individuum. Eine Verschmelzung findet nicht statt. Von Verschmelzungen hat Alma auch die Nase voll. Auch von Abhängigkeit und Gemeinsamkeitsgedusel. Aber Alma möchte schon etwas mehr sein, als nur die gute Freundin. Sie kriegt es ums Verrecken nicht aus ihm heraus.

Alma muss sich von dem Gedanken lösen, ihrem Traummann Eigenschaften anlöten zu wollen, die er gar nicht will. Sie kann sich keinen Supermann oder Hampelmann basteln. Aus Pappe ja, aber nicht aus Fleisch und Blut. Außerdem hasst Anna das Basteln. Alma muss lernen, das von ihm zu nehmen, was er bereit ist zu geben. Weil sie sooo viel zu geben bereit ist, denkt sie immer er würde Gleiches mit Gleichem vergelten. Nichts da!

Und wenn Du Dir einen
rosaroten, samtbeschlagenen Nachttopf wünschst,
so werd' ich ihn dir schenken,
wenn's mir möglich ist.
Denn Dich und Deine Wünsche respektiere ich.
Weißt Du denn auch,
was ich mir wünsche?
Ich hätt' so schrecklich gern
von Dir
einen selbstgepflückten Stern!
Marie Nikolaus

Er bleibt geheimnisvoll. Es gibt zwei Möglichkeiten. Entweder Alma löst sich völlig von ihm, um an der Sehnsucht nach noch mehr Zuwendung nicht zu Grunde zu gehen, oder sie akzeptiert seine Zurückhaltung und löst sich von ihren Wünschen an ihn. Es gibt sein Beziehungsangebot, das nach gebräuchlichen Maßstäben nicht vollkommen scheint. Alma wird entscheiden, wovon sie loslassen will.

Verloren gegangen

Marta hat in ihrem Leben schon viel loslassen müssen. Sie hat, wie ich, zwei Ehen hinter sich. Ihre Töchter sind erwachsen, sie hat guten Kontakt zu ihnen. In ihrem interessanten Beruf findet sie Erfüllung, viele Freunde besuchen sie und genießen ihre Gastfreundschaft. Sie lebt gern allein. Ihr Pflegesohn ist jedoch auch erwachsen und sie hat überhaupt keinen Kontakt mehr zu ihm. Die Verbindung ist völlig abgebrochen. Sören ist untergetaucht, weil er straffällig geworden ist.

Marta und ihr damaliger Ehemann hatten den schon halbwüchsigen Jungen aufgenommen, weil seine Eltern schwer krank geworden waren und nicht mehr für ihn sorgen konnten. Es war für Marta und ihren Mann eine Selbstverständlichkeit gewesen, denn Sören war ein Sohn von einer Großtante ihres Mannes. Nur wenig älter als ihre Töchter und sogar mit Familienähnlichkeit ausgestattet, passte Sören perfekt dazu. Es war sogar sein Wunsch gewesen dazuzugehören und eine Weile ging es recht gut mit dem familiären Miteinander. Allerdings weigerte Sören sich, seine schwer kranke Mutter zu sehen, und wenn es doch einmal nicht zu vermeiden war, wusch er sich beinahe zwanghaft die Hände mit Desinfektionsmittel. Die Beziehung zu seinem Vater war etwas besser, aber sie hatten sich eigentlich nichts zu sagen. Marta meinte, sie könnte das alles bewältigen und fühlte sich stark genug. Stück für Stück bekam sie auch heraus, warum der Junge seine Mutter Käthe so sehr hasste. Sie hatte ihrem Sohn angeboten, gemeinsam in den Tod zu gehen, als die Unheilbarkeit ihrer Krankheit zu Tage trat. Käthe hatte Sören zwingen wollen, Schlaftabletten zu nehmen. Der Hintergrund waren wieder einmal Sörens depressive Zustände wegen schlechter Schulnoten gewesen. Den »Schierlingsbecher« hatte Sören nicht getrunken, sondern war in Panik zu Marta geflüchtet.

Sören brachte mit Ach und Krach eine mittlere Reife zu Stande, hatte jedoch keine Pläne und Ideen für die Zukunft. Lustlos fing er eine Einzelhandelslehre an, kam nachts oft nicht nach Hause, verkehrte in undurchsichtigen Kreisen, prügelte sich mit dubiosen Typen. Marta holte ihn des öfteren von der Polizeiwache ab. Sie versuchte Zugang in sein verworrenes Seelenleben zu bekommen. Eines Tages war Sören verschwunden. Spurlos. Er hatte irgendwie herausbekommen, wo der Tresorschlüssel seiner Lehrfirma aufbewahrt wurde. Er hatte den Tresor nicht selbst aufgeschlossen, sondern den Schlüssel für 10.000 DM verkauft. Die Aufschließer wurden gefasst, während Sören bis heute nicht wieder aufgetaucht ist. Am Anfang ließen Marta und ihr Mann nach Sören fahnden. Sie suchten und recherchierten in der benachbarten Großstadt.

In dieser unruhigen Zeit bemerkte Marta, dass ihr Mann nur halbherzig bei der Suche nach dem verlorenen Sohn mitmachte und kaum noch Interesse für den Verbleib Sörens zeigte. Sie fand keinen Rückhalt und keine Unterstützung. Mit allen Sorgen fühlte sie sich allein gelassen. Zudem musste sie die Eltern Sörens versorgen und beruhigen. Ja, sich sogar rechtfertigen, weil er verschwunden war. Als sie dann auch noch die Großmutter ihres Mannes pflegen musste, brach sie zusammen. Sie schrie, wütete und tobte, warf mit Geschirr und riss Bücher und Schallplatten aus den Regalen. Die immer besonnene Marta rastete aus. Als sie sich beruhigt hatte, zog sie Bilanz.

Marta stellte fest, dass sie sich bis zur totalen Ausbeutung der Familie hingegeben hatte. Ihre journalistische Tätigkeit hatte sie zwischenzeitlich auf das Nötigste reduzieren müssen. Sie fürchtet den Anschluss völlig zu verlieren. Und ihr Mann hatte inzwischen eine Geliebte. Sie löste sich von allem. Radikal. Haus, Garten, Hunde, sämtliche Verwandte, Ehemann. Alles ließ sie zurück und begann ganz von vorne. Ihre Töchter blieben ihr. Sören ist bis heute verschollen. Sie würde ihn gerne wiedersehen. Aber sie kann auch leben ohne ihn. Sören hat seinen Weg gewählt, als er achtzehn Jahre alt war. Es war seine Entscheidung. Marta hat auch ihren Weg gewählt, das war ihre Entscheidung. Wäre sie geblieben, wäre sie zermahlen worden zwischen zentnerschwerem Familienballast. Diese Bürde hat sie fallen gelassen. Hinter ihrem Rücken reden die Zurückgebliebenen von Selbstverwirklichungswahn und es sei ja kein Wunder, dass ihr Mann sich eine andere Frau gönnt …

Das ist Marta scheißegal. Sie ist frei.

Wie viele Stellen gibt es,
wo der Mensch gekniffen werden kann.
Theodor Fontane

Der kleine Finger

Daphne und Johannes lebten schon sieben Jahre zusammen. Sie hatten erst vor wenigen Monaten geheiratet. Warum eigentlich? Um ihre kriselnde Beziehung zu kitten? Die Eheschließung hatte ohne Ankündigung und Feier stattgefunden. Sie waren zum Standesamt gegangen, hatten unterschrieben und fertig. Daphne hatte nicht mal eine Blume in der Hand gehabt. Den Ehering zog Johannes sofort nach der Trauung vom Finger und verbannte ihn ins Portemonnaie. Für beide war es die zweite

Ehe. Daphnes Kinder aus erster Ehe waren längst erwachsen und gingen ihre eigenen Wege. Johannes war nie Vater, obwohl er vor zwanzig Jahren einen Sohn gezeugt hatte. Dieser Sohn mit namens Thore meldete sich aus Finnland. Er wollte endlich seinen Vater kennen lernen – und Daphne natürlich. Johannes wagte kaum, sich zu freuen, aber es war genau das, was er sich immer gewünscht hatte. Johannes konnte sich sogar vorstellen, ihm ein Studium in Deutschland zu ermöglichen, und vielleicht könne man ja eine richtige Familie werden. Daphne hatte ihre Befürchtungen, weil sie sich ihren introvertierten intoleranten Gatten nur schwer als liebenden Familienvater vorstellen konnte. Dann stellte sich aber doch Vorfreude ein, denn die Fotos aus Finnland zeigten einen bildhübschen dunkelhaarigen Jungen. Daphne hatte sich immer einen Sohn gewünscht.

Aber es kam ein Mann! Geschockt hielt Daphne den Atem an, als Thore ihr zur Begrüßung die Hand reichte. Diese Ähnlichkeit! Vater und Sohn, wie aus einem Guss. Und obwohl sie sich nie gesehen hatten, bemerkte Daphne die gleiche Gestik bei Vater und Sohn, das gleiche Lachen, das gleiche Stirnrunzeln. Daphne und Thore waren sofort ein Herz und eine Seele, als hätten sie sich schon ewig gekannt. Innerhalb weniger Wochen lernte Thore fließend deutsch und schrieb sich an der Uni ein, um Germanistik und Skandinavistik zu studieren. Alles schien friedlich, jeder hatte seinen Aufgabenbereich. Doch Daphne bemerkte, wie Johannes sich immer mehr zurückzog. Eines Abends sagte er: »Ich kann ihn nicht leiden. Ich wünschte, er wäre wieder fort.« Johannes war nicht im Stande, Thore Nähe zu schenken. Thore jedoch suchte den Vater. Er hatte nie einen gehabt. Machte Thore einen Schritt auf Johannes zu, wich der zurück. Bald schon war auch Thore anzumerken, wie sehr er unter der Situation litt. Und er vertraute sich seiner Stiefmutter an. Viele Abende saßen sie nach dem Essen noch lange in der Küche und redeten, während Johannes im Wohnzimmer auf und ab stapfte und jedes Gespräch über das Problem verweigerte. Es wurde von Tag zu Tag unerträglicher. Die Männer mieden sich, und wenn sie sich begegneten, herrschte eisige Kälte. Daphne wusste nicht, wie sie sich verhalten sollte, und mietete schließlich eine Wohnung für Thore. Wenn Vater und Sohn sich nicht immer im Haus begegnen würden, wenn der Abstand gegeben wäre, dann würde sich alles einrenken. Sich nach zwanzig Jahren lieben zu lernen, das ist ja auch schwer. Aber irgendwie verzögerte Thore immer wieder seinen Umzug. Es war, als hätte er Angst davor, allein zu leben. Er wollte nicht auf Daphnes Nähe, die abendlichen Gespräche, die gemeinsamen Einkäufe, die witzigen Deutschübungsstunden verzichten. Daphne merkte, dass Thore sich heimlich Drogen besorgt hatte, und auch ihr Weinvorrat stimmte nicht mehr. Und hatte sie nicht immer noch einige Aspirin-Tabletten im Medizinschrank gehabt? Urplötzlich entwickelte sich ein Horrorszenario: Johannes kam hinter Thores Heimlichkeiten und befahl die Rückreise nach Finnland. Thore war verzweifelt, weinte, tobte und betrank sich. Johannes versuchte seinem Sohn die Flasche wegzureißen. Thore zückte ein Hackmesser, das auf der Küchenspüle lag, und Johannes hatte den abgebrochenen Flaschenhals in der Hand. Daphne, barfuß in den Scherben stehend, versuchte die Männer zu trennen. Da hob Thore das Hackmesser, sah Daphne an und sagte ganz ruhig: »Es ist ein Opfer. Ich gebe meinen kleinen Finger für Vaterliebe.«

Und mit einem Hieb schlug er sich den kleinen Finger der linken Hand ab.

Daphne hat Thore gleich am nächsten Tag zum Flughafen gefahren. Johannes, ein gebildeter Mann, hatte hasserfüllt hervorgestoßen: »Ich will ihn nie wiedersehen. Wenn er mir über den Weg läuft, werde ich ihn totschlagen dafür, was er uns angetan hat.«

Als Daphne vom Flughafen zurückkam, packte sie ihre Sachen und zog in die für Thore angemietete Wohnung. Auf dem Flughafen in Helsinki wurde Thore von seiner leiblichen

Mutter empfangen. Er befindet sich noch heute in psychiatrischer Behandlung.

Liebe kann man nicht erzwingen. Thore wünschte sich so sehr einen Vater. Aber Johannes fühlte sich nicht fähig, Vatergefühle zu entwickeln. Seine Unfähigkeit schlug in Hass um gegen den fordernden Menschen. Thore ist daran zerbrochen. Daphne hat das einzig richtige gemacht. Sie hat sich gelöst von ihrem Mann, der so sehr hassen konnte. Aber Thore bleibt in ihrem Herzen.

Und wir sahen uns an und blickten auf die grüne Wiese, über welche eben der kühle Abend lief, und weinten miteinander. – Damals aber war mir das Leben lieber, als je alle meine Weisheit.
Friedrich Nietzsche: »Also sprach Zarathustra«

Abschied üben

Es gibt Menschen, die sagen: »Ich hasse Abschiede.« Das kann ich verstehen.

Abschiede sind meistens schmerzlich, besonders wenn man weiß, man wird sich für lange Zeit nicht wiedersehen. Vielleicht ist es auch ein Abschied für immer, das ist natürlich noch schlimmer.

Sehr oft sind es die Sammlertypen, die nicht Abschied nehmen können. Die Regale und Schränke sind voll gestopft mit Souvenirs aus aller Herren und Damen Länder oder Kristallfigürchen zieren die verstaubten Borde, zerschlissene Teddys grinsen von plüschigen Kissen, Geschirrschränke bersten vor der Schwere von Flohmarktteepötten. Alles hat einen Wert, ist einem lieb, teuer und unverzichtbar. Es gehört zu unserem Leben. Nichts will man missen, sondern die Sammlung soll irgendwann eine gewisse Vollständigkeit erlangen. Viele wollen sagen können: Meine Sammlung ist fast komplett. Mir fehlt nur noch ein einziges seltenes Exemplar. Das werde ich auch noch erstehen. Dann bin ich komplett.

Übe das Loslassen, das Abschiednehmen, indem du eine goldgeränderte Sammeltasse an deine Nachbarin verschenkst, die neulich einen Verzückungsschrei ausstieß, als sie das geblümte Stück in der Glasvitrine entdeckte. Gib den kleinen Jadeelefanten an deine Nichte, die vor kurzem so andächtig davor stand und ihm über den Rücken streichelte.

Und gehe auch mit auf den Bahnhof und winke tränenüberströmt deinem Freund hinterher, der für mehrere Monate beruflich ins Ausland geht. Schwenke dein feuchtes Taschentuch und schluchze hemmungslos, auch wenn die Leute auf dem Bahnsteig dich kopfschüttelnd oder mitleidig fixieren.

Trenne dich von Dingen, an denen du hängst, übe das Loslassen und Abschied nehmen.

Es ist auch befriedigend etwas gehabt zu haben. Einer meiner allerliebsten Freunde sagt oft von etwas, das ihm abhanden gekommen ist, oder von glücklichen Momenten oder erfolgreichen Lebensabschnitten, die vorüber sind: »Es ist vorbei und vergangen, aber ich habe es gehabt. Unter der Himmelswölbung dieses Jahrhunderts hat es zu meinem Leben gehört. Und das zählt!«

Im Augenblick des Endes (einer Liebe, eines Lebens, einer Epoche) entpuppt sich die verstrichene Zeit plötzlich als ein Ganzes und nimmt leuchtend klare, vollendete Formen an.
Milan Kundera

Zurückblicken, aber ohne Fernrohr

Wo bleiben die Zurückgebliebenen?

Die Zurückgebliebenen bleiben dort, wo wir sie verlassen haben. Sie machen weiter, weil sie es für richtig halten, weil sie eine wichtige Aufgabe zu bewältigen haben, weil sie einfach zufrieden und glücklich sind mit dem, was sie tun.

Das ist doch sehr schön, und wir sollten sie machen lassen.

Vielleicht bleiben sie auch, weil sie sich nicht lösen können, und leiden, so wie du gelitten hast.

Die Zurückgebliebenen werden wahrscheinlich mit dir hadern. Vielleicht wirst du beneidet und beschimpft, wie ich es von Maja erfahren habe; wirst verachtet und gehasst, so wie mein erster Mann es mir schrieb; wirst mit qualvollen ehemals glücklichen Familienszenarien überschüttet, wie meine Töchter es getan haben; wirst verantwortungslos geschimpft, wie meine Schwestern mir unterstellten. Blicke später zurück, nicht jetzt. Du hast für alle Verständnis. Du begreifst, warum sie so handeln. Aber DU bist jetzt die Person, für die du verantwortlich bist.

Nimm dir Zeit für dich und deine Angelegenheiten. Es lässt sich nicht alles auf einmal regeln.

Wer von den Zurückgebliebenen dir noch ganz nah ist und dich auch liebt, obwohl du eine Loslasserin bist, den wirst du auch nicht verlieren. Meine Töchter waren traurig und verzweifelt. Ihre heile Familie gab es plötzlich nicht mehr. Aber ich hatte sie nicht fallen gelassen. Meine Ehe war mir nicht wie eine Glaskugel aus der Hand gerutscht und am Boden zersprungen. Ich hatte losgelassen. Die Glaskugel hatte ich lediglich abgelegt.

Auf der Suche nach dem Ich
fragt mancher nach dem Sinn des Lebens.
Solang er nicht erkennt, dass er es ist,
fragt er vergebens.
Peter Werner

Die Zurückgebliebenen müssen schon etwas Verständnis für dich aufbringen. Das kannst du erwarten. Du brauchst Zeit, innerlich Abschied zu nehmen. Du rufst dir die schönen und traurigen Momente deiner Vergangenheit auf, lässt alles zu bestimmten Zeiten noch einmal Revue passieren, um dich dann aber deinen neuen Perspektiven zuzuwenden.

Lass dir keine Kraft rauben durch die ständigen Vorwürfe und Befragungen der Zurückgebliebenen.

Faltenfreie Seele nach der Entrümpelungskur

Vor der Trennung von meinem ersten Mann war meine größte Sorge, ich würde alles vermissen, was einmal zu meinem Leben gehört hatte. Dazu gehören so gravierende Dinge wie das Haus, das ich mit eingerichtet, oder der Garten, den ich Jahr um Jahr liebevoll bepflanzt und beackert habe. Auch von geliebten Haustieren muss man sich oft schmerzvoll trennen. Für mich war es ein ganz merkwürdiger Hinweis, dass unsere drei Hunde nacheinander starben oder eingeschläfert werden mussten. Meine große Tochter war bereits ausgezogen, die kleine kaum zu Hause. »Alles um mich herum ändert sich«, dachte ich, »nur ich will es noch nicht wahrhaben.« Ich stellte mir oft vor, an welchen Dingen ich besonders hing und worauf ich nicht verzichten könnte. Besonders schwer fiel, die Fotoalben mit den

Kinderfotos unserer Töchter zurückzulassen. Alles liebevoll von mir arrangiert und beschriftet, Beweise für unser glückliches Familienleben. Letztendlich aber wurde mir klar: Ich brauche nichts von alledem. An allem haftet die Erinnerung. Außerdem wollte ich mich nicht so weit entwürdigen und Möbel verlangen, die ich sowieso nicht aufstellen konnte. Es schien mir wirkungsvoller, ihn mit allem sitzen zu lassen. Diese Methode ist sicher nicht für jeden richtig. Aber ich fühlte mich frei von altem Ehemüll. Ich konnte ganz rein beginnen. Wenn du nicht unbedingt auf gewisse Dinge angewiesen bist, dann ist es sehr gesund zu verzichten.

Genauso habe ich es beim zweiten Ehemann gemacht. Wieder nur die Kleidung ins lindgrüne Laken und ein bisschen Hausrat, den ich angeschafft hatte. Nicht mal meine Bücher nahm ich mit. Als nun der ganze Kram in Umzugskisten in meiner vorläufig endgültigen Wohnung angeliefert wurde, war ich sterbensunglücklich und hätte am liebsten gleich alles ohne durchzuschauen in Müllsäcke gefüllt.

Ich gebe zu, eine gute Wegschmeißerin zu sein. Das kann nicht jeder. Ein Sammlertyp war ich noch nie. Zweihundert Keramikeulen oder dreihundert Porzellanelefanten würden mich erdrücken. Ich brauche Klarheit und Durchblick, Beinfreiheit und Helligkeit in meinem Wohnbereich.

Wenn du das nicht nachvollziehen kannst, verstehe ich das gut, aber lies dann doch noch einmal die Abschnitte »*Das Mausoleum*« und »*Ade Asche*«.

Entrümpele dein Leben und umgib dich mit klaren Dingen. Behalte nur Gegenstände, an denen dein Herz ganz innig hängt. Wenn ich in dein Wohnzimmer komme, werde ich auch sogleich erkennen, wie es in dir drinnen aussieht. Ein harmonisches Wohnkonzept trägt sehr zu einer faltenfreien Seele bei.

Jeder geliebte Gegenstand
ist der Mittelpunkt eines Paradieses.
Novalis

Heinrich erzählt selbst: RückSichten

An dieser Stelle lasse ich meinen Freund Heinrich erzählen:

Die Erlösung kam per Telefon. »Ihre Mutter ist heute Morgen gestorben. Herzliches Beileid.« Es war eine weibliche Stimme, einfühlsam und dennoch sachlich. Ich passte mich an. Was ich zu tun hätte, wollte ich wissen, als ginge es um die Verschrottung eines Autos. Minuten später informierte ich auf die gleiche Weise meinen Bruder, ebenso emotionslos, wie es gerade die Dame vom Krankenhaus getan hatte.

Mutter war vor sechs Wochen dort eingeliefert worden. Eine Nachbarin hatte sie in ihrer Wohnung vor ihrem Bett gefunden, bewusstlos. Es war ein Schlaganfall. Sie muss etwa fünf Stunden so gelegen haben. Zu lange für eine erfolgreiche Therapie. Sechs Wochen danach dann die Erlösung per Telefon. Erlösung für Mutter. Erlösung auch für mich?

Als sich dieser Vorfall ereignete, war ich Ende dreißig. Meine Ehe war einige Jahre vorher geschieden worden. Wieder Junggeselle, lebte ich einen hektischen Berufsalltag, aufstrebend, erfolgreich. Ich genoss die Freiheiten dieser Welt: schöne Wohnung in einer schönen Gegend, schnelles Auto, Segelboot und Reisen. Alles war so, wie es mir gefiel. Es ging mir also rundum gut, wäre da nicht meine Mutter. Sie war bereits Ende siebzig, erfreute sich aber allerbester Gesundheit. Sie war sogar so gesund, dass sie, Witwe und Rentnerin, offenbar meine Ehescheidung als Chance begriffen hatte. Als Chance für sich, um genau zu sein. Denn mit dem Augenblick der Rechtsprechung bohrte sie wieder ihre Krallen in mich, nahm wieder von mir Besitz.

Und ich ließ es zu, ja, nahm es sogar berechnend hin. Mutter wusch meine Wäsche und bügelte meine Hemden. Das war mehrfach praktisch. Erstens entledigte ich mich von einigen lästigen Pflichten der Haushaltsführung, mit denen Männer ohnehin nichts am Hut haben wollen. Zweitens war dieser Vorgang jedes Mal mit einem Besuch bei ihr verbunden. Meine Mutter bedankte sich für diese Kontaktpflege stets mit einem leckeren Essen; soll heißen, sie kochte für mich. Dass es dabei meist um ein und dasselbe so genannte Lieblingsessen ging, störte mich wenig. Ich sah es einzig von der praktischen Seite, wertete nur diesen Aspekte und hatte nicht einmal Skrupel. Im Gegenteil, ich empfand es sogar als gute Tat. Schließlich hatte ich meiner Mutter – sie war Zeit ihres Lebens das Sinnbild der klassischen Hausfrau – auf diese Weise wieder zu Beschäftigung und Pflichterfüllung verholfen.

Doch ich hätte es besser wissen müssen. Mutter gab mir nämlich frühzeitig die Gelegenheit zu eindrucksvollen Testläufen. Mein älterer Bruder und ich wohnten sehr lange in Mutters großer Wohnung. Dass wir so lange unsere Füße unter ihren Tisch gestellt hatten, war nicht einfach Kalkül, vielmehr lag es an unseren langen Ausbildungszeiten. Mutter war das offenbar sehr recht. Als mein Bruder dann heiratete, konzentrierte sie sich voll und ganz auf mich. Allerdings konnte ich mich der lästigen Wirkung ganz gut entziehen. Ich war selten zu Hause, gerade so viel, dass ich mit der Kompensation der Vorteile ausreichend beschäftigt war. Und als ich schließlich selbst in den Bund der Ehe trat, wurde sowieso alles ganz anders.

Während mein Bruder sich teils geschickt, teils aber auch sehr rabiat Mutters Einfluss entzogen hatte, stand ich ihr mit dem Ende meiner Ehe wieder zur Verfügung. Und wie! Die bereits geschilderten Abläufe wurden zur Selbstverständlichkeit. Waren meine Besuche bei Mutter zunächst noch improvisiert, liefen sie bald nach festem Plan ab. Nicht lange, und es wurde bereits gegen Ende eines jeden Besuches der Termin für die nächste Visite vereinbart. Was heißt hier vereinbart? Mutter klagte ihn ein! Sie müsse sich schließlich vorbereiten! Es gab heftige Streitgespräche. Mit Zunahme der Spannungen wähnte ich die Falle, in die ich mich selbst begeben hatte. Ich bat um Einsicht: »Ich habe einen Job, und wie der abläuft, bestimmen über weite Strecken andere. Ihre Antwort war genauso einfach wie logisch. Das interessiere sie nicht, sagte sie, »... für mich bleibst du immer mein Kind.«

Ein einziger Satz, aber er reichte, um mich endlich intensiv mit meiner Situation, meiner Gleichgültigkeit, meinem Egoismus und der aktuellen Beziehung zu meiner Mutter auseinander zu setzen. Ihr Kind zu sein, verpflichtete mich offenkundig, ihre erdrückende Fürsorge widerspruchslos über mich ergehen lassen zu müssen. Der Gedanke daran war die reinste Folter. Aber sie zeigte endlich Wirkung. Ich kaufte mir eine Waschmaschine, brachte mich somit selbst um die praktische Notwendigkeit häufiger Besuche. Die familiären Kontakte nahmen rasch den Charakter der Zufälligkeit an. Das ging sogar soweit, dass ich Mutter nicht einmal mehr über kurzfristig angesetzte Urlaubsreisen informierte.

Und bei der Rückkehr von einer dieser Reisen fand ich sie vor, die Nachricht vom Schlaganfall meiner Mutter. War es symptomatisch, dass auch mein Bruder in den entscheidenden Stunden nicht zugegen war und Mutter nicht helfen konnte?

Mutter ging es sehr schlecht. Nach Auskunft der Ärzte waren ihre Tage gezählt. Während mein Bruder sich pflichtbeflissen um ihre Unterbringung in einem Heim bemühte, dachte ich eigentlich nur über meine Beziehung zu ihr nach. Und einoder zweimal hegte ich den Verdacht, die Sache mit dem Schlaganfall sei ein grandioser Trick gewesen. Wollte sie mich vielleicht dauerhaft in ihrer Nähe wissen? War ich anfangs selbst über diese meine Unterstellung erschrocken, – die Folge war ein quälend schlechtes Gewissen – fand ich sie später keineswegs abwegig. In den folgenden Wochen wurden die Besuche am Krankenbett nämlich zur täglichen Routine.

In der Zeit bis zu ihrem Tod dachte ich immer wieder darüber nach, beschäftigte ich mich ständig mit dem Tod, sowohl im Allgemeinen, als auch mit dem bevorstehenden Tod meiner Mutter. Und als er endlich kam, brachte er die Erlösung.

Ich hatte mich so sehr mit dem Tod befasst, dass ich am Tag ihres Ablebens keine Trauer empfand. Es war vielmehr ein dumpfes Gefühl, das tagelang anhielt. Die Tränen kamen erst bei der Trauerfeier. Doch auch später bin ich nie mehr von Weinkrämpfen geschüttelt worden, sofern es den Tod meiner Mutter angeht. Ich habe ihn abgehakt, sachlich pragmatisch. Dabei erinnere ich mich immer wieder gern meiner Mutter, solange meine Gedanken an sie ihre Ansprüche mir gegenüber nicht berühren. War dies aus irgendwelchen Gründen der Fall, keimte sofort der Zorn darüber, sich ihrer Kinder bemächtigt zu haben, wann immer sich ihr eine Chance dazu bot.

So kaufte Mutter sich zwei Jahre vor ihrem Tod eine kleinere Wohnung. Es war ihr Lebenswunsch, zweckdienlich schien der Erwerb hingegen nicht. In Transaktion und Abwicklung der nötigen Formalitäten kannte sie sich nämlich nicht aus. Auch die Finanzierung war ein Kraftakt, und am Ende musste auch die Wohnung eingerichtet werden. Aber das alles machte nichts; ihr standen ja zwei Söhne zur Seite. Und einmal involviert, hatten die keine Chance, sich da heraus zu halten.

Mutter hatte ihre Taktik geändert. Machte sie sich Jahre zuvor noch unverzichtbar, schien sie jetzt über alle Maßen hilfsbedürftig. Schlussendlich war es ein Konglomerat aus beidem. Noch lange danach wurde ich zornig, wenn ich daran dachte, dass sie ihre Söhne, aber ganz besonders mich, auf diese Weise an sich binden wollte, uns in die Verpflichtung nahm. Mein Widerstand war so groß, dass ich am Ende gar ihren letzten Geburtstag vergaß.

Mag sein, dass sie die Zusammenhänge ahnte. Mag sein, dass der Schlaganfall tragische Folge dieser Ahnung war. Mag auch sein, dass meine Verweigerung diese Entwicklung unterstützte. Wenn ja, hat der Tod sie erlöst. Erlöst wohl im wahrsten Sinn des Wortes; denn losgelassen hat sie mich nie.

Tarot, die zwölfte und dreizehnte Karte

Vielleicht hast du ja auch in deiner Schublade Tarotkarten. Waite- oder Crowley-Karten, das ist egal. Ob du ein Tarot de Marseille, das Ahnenpfad- oder das Dali-Tarot besitzt, die Bildersprache ist immer die gleiche. Wann immer dir danach ist, holst du sie hervor. Du legst und bist ratlos? Meistens verirrst du dich im Dschungel der Bildinterpretationen. Die Symbolik der Gegenstände ist dir nicht klar. Oder dich beschleicht die Angst, die Karten könnten dir etwas vorhersagen, was dir Angst macht.

Tarotkarten sind allerdings keine Wahrsagekarten, sondern spiegeln deinen derzeitigen Zustand wieder. Die unterschiedlichen Bilder mit ihrer Aussagekraft können dir helfen, Dinge zu hinterfragen, die immer noch auf dir lasten, die dir deinen Alltag erschweren. Indem du dich einlässt auf das »Spiel«, lernst du in Bildern zu denken, erkennst vielleicht plötzlich Lösungsmöglichkeiten, den Weg, den du zu gehen hast, oder ob du Ruhe brauchen wirst.

Wenn du am Anfang durch verschiedene Lege- und Deutungsmöglichkeiten nicht verwirrt werden möchtest, suche dir unter den 78 Karten deine Lieblingskarte heraus oder die Karte, die dich im Moment am meisten anspricht.

Du kannst natürlich auch mischen und dir eine Tageskarte ziehen. Die platzierst du so, dass du mehrmals am Tag draufschauen kannst.

Wählen wir die Karte, vor der viele Angst haben, den TOD, die Nummer XIII. Diese deutet nicht dein vorzeitiges Ableben an, sondern:

Etwas geht zu Ende oder ist zu Ende gegangen. Alte Strukturen müssen sterben, damit Neues möglich ist. Das können bedrückende Partnerschaften, unbefriedigende Arbeitsverhältnisse, überholte Vorstellungen oder krankhaftes Klammern an einen Menschen sein. Das Lebensfeindliche loslassen, abster-

ben lassen, eine Lebensphase zu Ende bringen. Das heißt natürlich auch, leidvolle Erfahrungen zu tragen und zu akzeptieren, um daraus neugeboren zu erstehen. Loslassen birgt die Erlösung in sich. Ernte jetzt, was gereift und fruchtbar ist. Dein Leben soll Früchte tragen. Reite und schreite vorwärts. Es gibt Menschen, die du zurücklassen musst, aber neue Menschen erwarten dich. Und wohin du auch gehst, die Sonne scheint überall. Wenn du zurückblickst, wirst du deine Vergangenheit noch erkennen. Sie gehört ja zu dir, doch du haftest nicht an deinem Vorleben, du willst nicht stecken bleiben. Das Leben und diese Welt gehören dir.

Schau dir auch die zwölfte Karte aus dem großen Arkanum an: *Der Gehängte*, die Nummer XII.

Betrachte dein Leben einmal aus einer anderen Sicht. Stelle alles auf den Kopf. Deine neue Sichtweise eröffnet dir total spannende Perspektiven. Finde heraus, woran du hängst, was dich bindet. Du willst nicht nur hin und her pendeln am Baum des Lebens. Gönne dir eine schöpferische Pause, meditiere, reflektiere. Dein anderes Sehen wird dazu beitragen, dass die Lösung nicht mehr weit ist.

Als ich mich vor ein paar Jahren nicht zwischen zwei Männern entscheiden konnte und wirklich schon am Rande der Verzweiflung war, griff ich zum Tarot. Ich war sehr kritisch und skeptisch, aber ich wollte probieren, was es in mir auslöst. Ich suchte mir, ohne etwas von den Deutungen zu wissen und wissen zu wollen, die Karte heraus, die zu meinem Problem passte. Ich wählte die *Schwerter* 2 und klemmte sie mir hinter den Spiegel. Die Karte wollte mir sagen, ich solle mein inneres Wissen mitsprechen lassen, um die Differenzen zu klären, die Entscheidung zu fällen, die in meinem Leben anstehen. Die 2 der *Schwerter* sagte mir auch, ich müsse den Zwiespalt aushalten und mich dazu entschließen, auch die Folgen zu tragen, die diese Entscheidung zwangsläufig hervorrufen wird. Na gut, ich habe mich entschieden, ich habe die Folgen ausgehalten, ich

Zu allen Zeiten haben die Menschen Fragen gestellt: Woher kommen wir? Wohin gehen wir? Warum gibt es Leid? So entwickelten sich Religionen und Philosophien.
Marlies Burghardt

habe viel, sehr viel daraus gelernt, ich wäre fast daran zu Grunde gegangen, aber ich möchte es niemals missen.

Kaufe oder leihe dir einmal ein Tarot-Set. Du wirst sehen, dir tun sich ganz neue Welten auf.

Durch die Beschäftigung mit Tarot, den vielen Zeichen und Symbolen, die darin stecken, wird das Unbewusste in dir zu Tage treten. Lebensfremd wolltest du nie sein. Du kannst lernen, mit deiner Vergangenheit zu leben, zu akzeptieren, dass sie zu dir gehört, und doch Abstand nehmen. Denn es geht jetzt vorwärts. Die Ereignisse in den Jahren haben dir gezeigt, welchen Weg du zu gehen hast.

Adeles Schrei

Adele hat ihren Vater sehr geliebt. Auch ihre vier Geschwister hatten, so lange er lebte, ein sehr gutes Verhältnis zu ihm. Er war ein gutmütiger Mensch, sagt Adele. Er vergötterte seine Frau, tat alles für sie, sagte zu allem ja, was sie verlangte. Franz war der Macher und Organisator, aber ein ganz stiller. Für seine Kinder war er stets präsent, auch wenn er nicht der große Spielevater war. Aber zu ihm konnte man auch mit einer Sechs in der Mathearbeit kommen. Unfrieden hasste er. Franz ruhte nicht eher, bis sich alle wieder vertragen hatten.

Als Adeles Vater zweiundsiebzig Jahre alt war, bekam er einen Schlaganfall und konnte fortan nicht mehr sprechen.

Ans Bett gefesselt, wurde er immer unzufriedener und unwirscher. Zuerst ließ er sich die liebevolle Pflege seiner Familie noch gefallen, obwohl er sich unendlich schämte, dass seine

Kinder ihn waschen und die Bettpfanne unterschieben mussten. Ein Logopäde versuchte, Sprachübungen mit Franz zu machen. Doch Franz verschloss sich. Das Einzige Wort, das er herausbrachte, war JA. Immer nur JA. Auch, wenn Adele spürte, er meinte NEIN, sagte er JA. Es war wie ein Zwang und er war verzweifelt und wütend auf sich selbst. Diese Wut, in diesen Zustand geraten zu sein, wo kein Sprechen und Schreiben mehr möglich war, machte aus dem sanften Franz einen hysterischen Kranken. Adeles Mutter, sie selbst und auch die anderen vier Geschwister litten Höllenqualen, weil Franz sein JA, das einzig ihm verbliebene Wort in allen Modulationen und Tonlagen herausstieß – und in einer Lautstärke, die alle bis ins innerste Mark erschütterte. Immer, wenn es ganz schlimm wurde, holte die Mutter ihre älteste Tochter Adele. Sie konnte am besten auf ihren Vater eingehen.

Adele hatte auch einen schweren Tag gehabt und war viele Stunden mit dem Zug gefahren, um übers Wochenende bei ihren Eltern zu sein. Franz schrie und wütete, er brüllte sein JA an die Zimmerdecke und rollte mit den Augen, stieß Adele von sich und ließ auch seine Frau nicht an sich heran. Er wollte weder essen noch trinken. Die geplagte Tochter stellte ihn zur Rede, schimpfte endlich auch einmal mit ihm. Er solle doch dieses nervtötende Gebrülle lassen, es würde ihr ja die allerletzte Kraft rauben. »Und Mama kann auch nicht mehr. Reiß dich endlich zusammen, Papa.«

Franz blieb kalt und abweisend. Ja, Adele hatte beinahe den Eindruck, er würde seine ihn umsorgende Familie hasserfüllt fixieren. Schluchzend saß Adele Sonntagabend im Zug nach Hause. Am nächsten Tag hatte sie ein Fortbildungsseminar, das sie nicht versäumen durfte. Dort erhielt sie von der Mutter telefonisch die Nachricht, dass ihr Vater in der Nacht gestorben sei. Ein markerschütternder Schrei entfuhr Adeles Kehle. Sie ließ den Telefonhörer fallen und schrie und schrie. Die herbeieilenden Seminarteilnehmer versuchten, sie zu beruhigen. Vergeblich. »Warum hat er das getan – warum hat er das getan – warum hat er das getan?« Adele war außer Stande, zu begreifen, dass ihr Vater einfach so fortgegangen war. Ohne Abschied, mit bösen hasserfüllten Blicken. Sie wäre doch geblieben, hätte seine Wange gestreichelt, seine Hand gehalten. Adele verzieh ihrem Vater diesen grausamen Abschied nicht. Der letzte, harte Blick dieses sonst immer liebevollen Vater ließ Adele nicht mehr los. Er verfolgte sie in allen ihren Träumen. Sein Schreien und sein JA, JA, JA in allen Vibrationen durchbohrten ihr den Schädel. Schuldgefühle stellten sich ein. Aber sie hatte doch alles getan! Wäre sie doch nur nicht aufs Seminar gefahren.

Zwei Jahre nach Franz' Tod schnitt Adeles Mann einen Urlaubsfilm für das Heimvideo zurecht. Adele, ihr Mann und ihre Eltern waren gemeinsam in Kanada gewesen. Ein sehr entspannter Urlaub. Ein Geschenk an die Eltern. Zum ersten Mal hatte ihr Vater nichts organisieren und planen müssen. Als Adele ihren lachenden Vater im Sonnenschein auf diesem fast vergessenen Film sah, brach sie fast zusammen. DAS war ihr Vater und nicht der verzweifelte JA-Sager! Und ihr fiel wieder ein, was Franz damals auf dem Nachhauseflug zu ihr gesagt hatte. Er hatte ihre Wange gestreichelt und geflüstert: »Das sind die schönsten Tage in meinem ganzen Leben gewesen.« Adele begriff, ihr Vater hatte mit seinem abweisenden Verhalten schon Abschied genommen. Er schien klarmachen zu wollen: JA, JA, JA! Ich will sterben! Begreift es doch endlich! Adele hatte verstanden. Franz hatte schon losgelassen und wollte nicht mehr zurückgeholt werden. Da konnte Adele sich auch endlich von den schrecklichen Bildern der letzten Begegnung verabschieden. Sie sah ihren lachenden Vater, erinnerte sich wieder an die schönen Augenblicke und sie war glücklich, ihn gehabt zu haben. Sie verzieh ihm und sich.

Des Menschen Engel ist die Zeit.
Friedrich Schiller

Seitdem hat Franz seine Ruhe gefunden und taucht nicht mehr in ihre Träume ein. Adele kann in Frieden zurückschauen.

Schon losgelassen

Sonnenaufgang an der Côte d'Azur

Mein Kollege René, ein wahrhaftiger »womanizer«, hat mir die Geschichte seiner »unsterblichen Liebe« und der dann folgenden Loslösung erzählt. Er, ein Mann, der nichts von sehr festen Bindungen hielt, hatte sich mal wieder verliebt. Sie war größer als er, älter als er. Sie hatte zwei noch nicht schulpflichtige Söhne. Aber diesmal spürte er es in jeder Faser seines Körpers: Liza ist die Frau meines Lebens! Niemals vorher hatte er sich vorstellen können, über Heirat nachzudenken, auch Kinder waren nie für ihn in Frage gekommen. Mit Liza war alles anders. René, ein viel beschäftigter Geschäftsmann, scheute keinen Stress und keine Kilometer, um von seinen Reisen rechtzeitig wieder bei ihr zu sein. Er wollte, dass diese kleine Familie zu seiner Familie wird. Ja, er dachte sogar darüber nach, endlich auch ein Kind zu zeugen, schließlich war er schon Mitte vierzig. René und Liza planten ihre Zukunft. Und mit einem Mal wirkte mein Kollege viel erwachsener und gesetzter, als ich ihn bis dahin kannte. Ich war sehr erstaunt, was Liebe aus einem Mann machen kann. Ja, ich sah es mit Begeisterung!

Unsere beruflichen Wege trennten sich und ich hörte ungefähr ein halbes Jahr nichts von ihm. Dann ein Anruf:

»Kann ich mit dir reden? Ich bin kurz davor, von der Köhlbrandbrücke zu springen!«

Er hatte schon immer einen Hang zum Theatralischen gehabt, diesmal jedoch nahm ich ihn ernst. René kam und ich war bestürzt. Aus diesem strahlenden, witzigen, temperamentvollen Mittvierziger war ein grauer, nervöser, gebrochener Mann geworden. Er weinte meinen gesamten Papiertaschentuchvorrat nass. Liza hatte ihn schon vor Wochen vor die Tür gesetzt. Ohne Kommentar. Einfach: »Raus, du gehst mir auf die Nerven. Ich ertrage dich nicht mehr und außerdem gibt es da jemand anderen.«

Das war am Tag vor dem Heiligen Abend gewesen und René fand es nicht nur für sich grausam, sondern auch für ihre kleinen Söhne, zu denen er ein warmherziges Verhältnis hatte.

Nein, René wollte es nicht wahrhaben, konnte es nicht glauben. Immer wieder fuhr er zu ihr, beschwor sie, flehte sie an, bat um Aussprachen. Er tat alles, um sie zurückzuerobern. Rosen, Liebesbriefe, Treueschwüre per Telefon. Liza jedoch blieb hart. Ihre wahren Gründe hat er nicht erkannt. Sie sind ihm bis heute verborgen. Monatelang dachte er an Selbstmord, vernachlässigte seinen Beruf, lief ungepflegt herum. Dann sagte er mir etwas sehr Erstaunliches: »Was mir hilft, die Tage durchzustehen ist der Glaube an Gott. Ich bete wieder.«

So hatte ich ihn nie eingeschätzt. Mir erschien er stets wie der absolute Atheist. Von seinem Geständnis war ich tief gerührt. René erklärte mir, wenn er ganz verzweifelt gewesen sei, dann habe er mit Gott gesprochen: »Gott, hilf mir, ich kann diesen Schmerz nicht mehr ertragen. Ich kann nicht mehr kämpfen und agieren. Ich begebe mich vertrauensvoll in deine Obhut. Zeig du mir den Weg.«

Das habe ihm Kraft verliehen, den nächsten Tag zu überstehen, ohne permanent an Liza zu denken. Als er mich verließ an jenem Abend, teilte er mir mit, er würde für einige Tage an seinen Lieblingsplatz fahren, an die Côte 'Azur. Er habe das Gefühl, er müsse jetzt endlich raus aus dieser Stadt, die Gullys würden schon überlaufen von seinen Tränen.

»Vielleicht findest du dort eine neue große Liebe,« sagte ich unvorsichtig. Er schüttelte nur traurig den Kopf. Aber wenige

Tage später rief er mich von seinem Urlaubsort an. Es sei ein Wunder geschehen. Er sei heute morgen aufgewacht in seinem Hotelzimmer. Die Sonne ging lilarot über dem Meer auf. Er sei auf den Balkon gegangen und habe sich ganz leicht gefühlt, als wäre ihm ein feuchter, schwerer Mantel abgenommen worden. Da war ihm klar:

»Ich habe es überstanden!« Er konnte an Liza denken und es war kein Schmerz mehr vorhanden. Er hatte sie losgelassen.

»Und das merkwürdige ist, dass ich das Gefühl habe, es ist heute Nacht im Schlaf passiert.«

René schien als anderer Mensch erwacht zu sein. Und es war nicht nur ein Urlaubsgefühl. Er blieb die Tage dort ganz allein für sich, stürzte sich also nicht in Ablenkungsmanöver. Er genoss seine Loslösung wie jemand, der nach langer Gefangenschaft freigelassen worden ist. Vor allem die Schönheit der Natur überwältigte ihn und schenkte ihm neue Energie.

Mag sein, der Gottglaube hat ihm Kraft gegeben, aber sicher auch die Tatsache, dass er seine Gefühle, seinen Schmerz herausgelassen hat. Inzwischen ist er wieder der alte Schwerenöter. Als ich erst vor kurzem mit ihm über die Geschichte mit Liza sprach, sagte er: »Ich glaube daran, dass nach einer bestimmten Zeit, die bei jedem Menschen natürlich differiert, eine Selbstreinigung der Seele stattfindet.«

Seit René dieses Erlebnis hatte, ist er unverzagt. Er sagt, dieser Lernprozess tröste ihn für die Zukunft. Würde er jemals wieder leiden und festhalten wollen an alten Strukturen und Zuständen, stünde vor seinem geistigen Auge dieser Sonnenaufgang als Symbol des Loslassens.

Das Wunder ist des Glaubens liebstes Kind.
Goethe: Faust I, Vers 766

Ich war und bin tief beeindruckt von Renés Bericht. Ich habe ihn dir erzählt, damit auch du daraus Kraft schöpfen kannst. Konni aus dem Abschnitt *»Wenn nichts mehr geht«*, hatte den Blick für die Schönheit der

Welt verloren. Ihn konnte nicht einmal die Geburt seines ersten Enkels retten.

Wir alle sind Individuen.

Wir haben die freie Wahl.

Wir können entscheiden.

Total entwöhnt

Ich hatte im Leben meiner ersten Enkelin Shirin wenig Zeit, die Aufpassgroßmutter zu spielen. Meine beruflichen Bindungen ließen mir nie viel Spielraum. Ich sah meine älteste Tochter Aglaia zwar häufig mit Shirin, weil sie für einige schnelle Minuten in meinem Geschäft auftauchten und ich »schneite« auch zu den Geburtstagen kurz ins Haus, aber das war es dann auch schon. Trotz allem haben Shirin und ich eine sehr tiefe Zuneigung, vielleicht, weil ich nicht eine Aufdrängoma bin. Inzwischen ist Shirin fünf Jahre alt, geht in den Kindergarten und äußert ihre Wünsche sehr selbstbewusst. Und ich bin fünfzig und habe zum ersten Mal in meinem Leben richtig Zeit, mich zu kümmern. Mit allen erdenkbaren Wehen, Schmerzen und finanziellen Verlusten habe ich von allen, aber auch wirklich allen belastenden Strukturen losgelassen. Nagelneu bin ich aus der Asche gestiegen. Das beste, was ich je tun konnte, war der Ortswechsel, den ich beschlossen hatte. Endlich machte ich das wahr, was immer mein innigster Wunsch war: Am Wasser zu wohnen! Meine Wohnung liegt so zauberhaft und ich werde sehr viel besucht.

Endlich konnte ich Shirin für mehrere Tage einladen. Sie freute sich unbändig darauf, mit mir auf einem Dampfschiff zu fahren, den Leuchtturm zu besteigen, die Möwen und Enten zu füttern, Strandgut zu sammeln, um daraus etwas zu basteln, sich auf meiner Wunschbank etwas zu wünschen und das Reetdachhäuschen von »Hexe Olga« anzuschauen und zu rätseln, ob sie vielleicht doch zu Hause ist. Wir hatten wunderschöne Tage und haben uns blendend vertragen. Aber ich hatte zwischenzeitlich wahrhaftige Zustände von Denkdefiziten. Dieses permanente Gefordertsein, ununterbrochen plaudern und vorlesen, singen und malen, schnippeln und Plätzchen backen hat mich fast um den Verstand gebracht. Zwölf bis dreizehn Stunden unentwegte Aufmerksamkeit. Es gab keine freie Sekunde für mich! Ich, als ehemalige geübte Mutter und noch relativ junge Oma kriegte beinahe eine Panikattacke, weil ich meine tägliche Zeitung nicht in Ruhe zu Ende lesen und die Nachrichtensendung nicht aufmerksam verfolgen konnte, meine Wohnung zugemüllt war mir Malstiften, Papierchen, Spielkarten, Socken und diesen schrecklich nervigen Hörkassetten. Als dann auch noch ein Blech mit Haferflockenplätzchen verbrannte, geriet ich schier aus dem Häuschen. Auf Spiele wie Kniffel oder Memory konnte ich mich nicht konzentrieren, ich war noch nicht mal in der Lage, die Spielanleitung zu lesen. Meine Konzentration schwamm weg. Shirin verlor beinahe die Geduld: »Man könnte glauben, du bist dumm, Großmama«, schalt sie mich. So sehr hatte ich mich aus meinem früheren Leben entfernt, so von dem Muttersein gelassen, so sehr um meine Eigenständigkeit gekämpft. Jetzt musste ich erst wieder lernen, mich einzustellen. Zwei Töchter und einen Pflegesohn habe ich groß gezogen. Es scheint tausend Jahre her zu sein. Ich bin stolz, sie zu haben. Es erfüllt mich mit unbändiger Freude und Genugtuung, so ein Mutterdasein geschafft zu haben. Aber mir ist klar geworden, ich war nie ein absolutes Muttertier! Vielleicht konnte ich meine Kinder deshalb problemlos in die Welt entlassen. Mag sein, dass Muttertiere nur aus Mangel am Tätigsein klammern. Die Übermütter brauchen das Gefühl, gefragt und gefordert zu sein, sonst würden sie ihr Selbstverständnis verlieren. Dass sie damit oft ihre Töchter und Söhne drangsalieren, ist ihnen nicht bewusst.

Etwas zu lernen, ist ein sehr großer Genuss – und etwas wirklich zu können, ist die Quelle der Wohlbehaglichkeit.
Novalis

Meine Kinder und Enkelkinder liebe ich heiß und innig. Sie sind jedoch nicht mein einziger Lebensinhalt. Ich lebe nicht nur durch sie und mit ihnen. Mein Beruf ist mir wichtig und meine Berufung, meine Freunde, meine Wunschträume. Es gibt so viele andere Dinge, die noch in meinem Kopf herumschwirren und Flügel bekommen wollen. Alles hat seine Zeit.

Blau + Gelb = Grün oder Ein mal eins = 2

Natascha ist dreißig Jahre alt. Noch nie hat sie mit einem Mann zusammengelebt. Sie hatte auch nie den Drang:

»Ich habe noch keinen getroffen, bei dem es sich gelohnt hätte.« Natascha, in einer großen Familie zusammen mit sechs Geschwistern aufgewachsen, liebt ihre Unabhängigkeit und ab und zu auch ihre Einsamkeit. Dabei ist sie keine hart arbeitende Karrierefrau mit dem absoluten Selbstbewusstsein, sondern auf der Suche nach einem neuen Beruf. Vor einigen Monaten trafen wir uns bei gemeinsamen Freunden. Sie sah ganz anders aus als sonst. Sie war verliebt: »Er ist so reif, fünfzehn Jahre älter als ich, ein richtiger, fertiger Mann. Und weißt du was«, flüsterte sie mir zu, »zum ersten Mal kann ich mir vorstellen, mit jemandem zusammenzuleben.« »Was?«, staunte ich, »nach zwei Wochen weißt du das schon?« Sie nickte verzückt. Ich schwieg, weil wir Frauen ja alle Vernunft verlieren, wenn der vermeintliche Märchenprinz auftaucht. Drei Monate später rief sie mich an und teilte mir etwas sehr Erstaunliches mit. Sie war immer noch in denselben Mann verliebt. Inzwischen hatten sie sich natürlich besser kennen gelernt. »Weißt du, was ich an mir entdeckt habe?«, gestand sie mir. »Wenn ich mehrere Tage mit Uli zusammen bin, freue ich mich wieder darauf, in meiner, Wohnung allein zu sein.

»Ich brauche die Abgrenzung. Uli hat gesagt, er komme sich vor wie die Farbe Blau und ich sei die Farbe Gelb. Nur ab und zu würden wir uns vermischen und Grün werden. Das Gelb ziehe sich immer wieder zurück, löse sich aus der Vermischung und er bleibe allein als Blau zurück. Aber er wolle endlich mit mir die wunderschöne Farbe Grün werden.

Das heißt Vermischung, Einssein. Aber ich will meine Individualität behalten. Ich bleibe Gelb.«

Von der Liebe erwarten wir die totale Verschmelzung. Wir wollen ineinander aufgehen. Alles wollen wir gemeinsam machen. Die gleichen Gedanken denken und uns in- und auswendig kennen lernen. Freiwillig und jubelnd geben wir unsere Freiheit und Individualität auf, wenn wir verliebt sind. Ohne zu zögern zerstören wir einen Teil unseres Selbst. Wahrscheinlich machen wir das, weil wir Angst vor der Freiheit haben. Wir binden oder unterwerfen uns aus der Furcht heraus, einsam zu bleiben, nicht dazuzugehören.

In der Bibel, im 1. Buch Moses Kapitel 1.1. Vers 27 steht:

Gott schuf einen Mann und ein Weib.

Dieses Weib war Lilith, Adams erste Frau. Lilith jedoch wollte nicht beim Geschlechtsverkehr unter Adam liegen. Das erschien ihr wie eine Unterwerfung. Sie erbat Flügel von Gott und flog davon, obwohl sie Adam immer noch liebte.

Lilith steht für Eigenständigkeit und Entscheidungskraft.

Die Kirchenherren haben Lilith allerdings zu einer Nachtdämonin gemacht, die herumfliegt und den Müttern aus Neid ihre Kinder stiehlt. Es konnte nicht angehen, dass die Frau derart selbst bestimmt.

Das Dasein der meisten Menschen ist von der Angst geprägt, ihr Leben voll zu entfalten.
Alexander Lowen

Schließlich ist Eva nach Adam geschaffen worden und auch noch aus seiner Rippe!

Lilith blieb der Sage nach ohne festen Gatten und irrte als Nachtdämonin umher. Das ist für viele abschreckend. Aber ich bewundere Lilith. Sie unterwarf sich nicht, sondern hatte sogar den Mut, Gott darum zu bitten, fliegen zu können.

Wir sollten uns ein Beispiel an Lilith nehmen.

Natascha ist auf dem besten Weg dahin. Die Ausgewogenheit zwischen Nähe und Abstand zu finden, ist eine Kunst, die wir erlernen können.

Rapunzels Eltern

Kannst du Rapunzels Eltern verstehen? Ich nicht! Sie versprechen der alten Zauberin Frau Gothel ihr langersehntes Kind. Und warum? Nur weil der Appetit auf Frau Gothels Rapunzelsalat so übergroß ist. Wie können sie für etwas Grünzeug ihr Kind loslassen?

Ich habe dieses Märchen aus der Sammlung der Gebrüder Grimm schon als Kind nicht gemocht. Es erschien mir völlig unglaubhaft, Eltern könnten sich für immer von ihrem Kind trennen, weil sie einen Vertrag einhalten müssen!

Die Eltern, die ja namentlich nicht genannt werden, leben in der Nachbarschaft der Frau Gothel. Aus einem kleinen Fensterchen im Hinterhaus können sie direkt in den Kräutergarten der Zauberin schauen. Dort gedeiht auf einem Beet herrlich frischer Rapunzelsalat. Anstatt nun die Zauberin zu bitten, ein wenig davon ernten zu dürfen, stiftet die Frau ihren Mann zum Stehlen an. Immer wieder muss er für sie in Frau Gothels Garten steigen, weil ihr Hunger auf die Rapunzeln unstillbar ist. Wahrscheinlich deutet ihr Heißhunger auf eine Schwangerschaft hin. Das Ehepaar wünscht sich seit Jahren sehnlichst ein Kind.

Aber was tut dieser Idiot, als er von der Zauberin beim klauen erwischt wird? Aus Angst vor Bestrafung verspricht er Frau Gothel das zu erwartende Kind. Er ist ein Waschlappen und Feigling! Und wie teilt er es seiner Frau mit? Wie reagiert sie? Davon erfahren wir im Märchen nichts. Sie geben ihre neugeborene Tochter sogleich an ihre Nachbarin weiter, die schon auf der Schwelle lauert. Rapunzels Eltern können ihren sehnlichsten Wunsch, der wahr geworden ist, einfach loslassen. Sie verschenken ihr Kind. Ich hasse dieses Märchen!

Frau Gothel nennt dieses Kind Rapunzel und will für sie sorgen wie eine richtige Mutter. Und die richtigen Eltern wohnen gleich nebenan und können zuschauen, wie Rapunzel aufwächst? Können sie das ertragen? Oder ziehen sie in eine andere Gegend?

»Rapunzel, Rapunzel, lass dein Haar herunter.«
Brüder Grimm: »Rapunzel«

So leichtfertig loszulassen, ist eine Grausamkeit. Dabei kann ich Frau Gothels Intentionen durchaus verstehen. Sie war alt, konnte keine eigenen Kinder mehr bekommen und brauchte sicher eine Nachfolgerin, die sie in ihre geheimen Künste einweihen konnte. Den Rest der Geschichte kennst du. Rapunzel reifte zur Schönheit heran. Um sie nicht an einen hergelaufenen Buhler zu verlieren, wurde Rapunzel in einen Turm gesperrt, der weder Treppe noch Türe hatte, nur ein kleines Fenster. Ja, auch die alte Zauberin musste Verzicht lernen, denn der süße Gesang Rapunzels lockte einen schönen Königssohn an.

Circe ist fair

Aiaia ist eine Insel im Schwarzen Meer. Dort lebte einst Circe, die betörende Göttin, Schamanin und Zauberin, die berühmt wurde, weil sie Odysseus und seine Mitstreiter beherbergte. Ovid, ein gefeierter römischer Dichter der Antike, erzählt uns die Geschichte in seinen »Metamorphosen.« Circe treibt böse Scherze mit den Schiffbrüchigen, die an ihrer Küste stranden. Die meisten verwandelt sie in Löwen, Schafe, Hirsche oder Wölfe, die fortan friedlich um ihren prächtigen Palast streifen und Futter suchen. Wenn es ihr gerade einfällt, verwandelt sie sie eventuell zurück. Odysseus' tapfere Männer verzaubert sie zu borstigen schnüffelnden Schweinen. Der besonnene Seefahrer und König von Ithaka allerdings kann Circes Zauber brechen. Und natürlich verliebt die schöne Göttin sich in den muskelbepackten charismatischen Abenteurer. Selbstverständlich weiß sie, dass Penelope, die getreue Gattin Odysseus', sehnsüchtig auf die Rückkehr ihres Herzenskönigs wartet. Egal, Circe will endlich einmal Liebesglück aus vollen Kübeln genießen. Sie haben wirklich alle eine unbeschwerte Zeit. Circe ist eine gute Gastgeberin und lässt es den Männern an nichts fehlen. Köstliche Speisen und tausenderlei Vergnügungen machen den Aufenthalt auf Aiaia zu einem Fest an jedem Tag, den Helios, der Sonnengott, werden lässt. In den Nächten gehört Odysseus der kräuterkundigen Zauberin ganz allein. Es wird erzählt, die beiden hätten drei gemeinsame Söhne. Circe hat gespürt, Odysseus ist ihr Schicksal, dem sie nicht entrinnen kann. Tatsächlich verbringen sie eine gewisse Zeit in Lust und Liebe. Circe weiß jedoch, sie wird diesen unruhigen Seefahrer nicht für ewig halten können. Und so ist sie zwar untröstlich, als er sein Schiff wieder seetüchtig machen lässt, aber sie wird ihn ziehen lassen. Denn würde sie ihn zum Bleiben zwingen, wäre er ein Sklave ihrer Liebe geworden. Sie will ihn nicht zerstören, dafür liebt sie ihn viel zu sehr. Mit Proviant versehen stechen die Männer in See. Nein, sie will nicht die Zerstörung ihres schönen Liebhabers, sie hat ihn gewarnt vor den Seeungeheuern Skylla und Charybdis und fleht die Männer an, sich vor den Gesängen der Sirenen zu schützen, und weist ihm auch den

Umweg zu dem Seher Teiresias. Dieser blinde Weise wird Odysseus die Zukunft deuten. Ja, unsere bezaubernde Schamanin und Göttin hat für alles gesorgt. Sie lässt ihren König los. Er muss zurück nach Ithaka. Sein Volk wartet und Penelope wartet auch. Auch das weiß Circe. Ihr bricht fast das Herz. Aber diesen Schmerz wird sie aushalten.

Noch heute tanzt man in Thrakien bei Vollmond einen Rundtanz, der Kirkos genannt wird. Es ist ein Wandlungstanz zu Ehren dieser lebensfrohen Göttin, die auch das loslassen konnte, was sie über alles liebte.

Zwanzig Jahre in den Wind gestreut?
Zwanzig erinnerungslose Jahre?
Odysseus in Luigi Malerba: »König Ohneschuh«

Die 7 goldenen Regeln des Loslassens

Stufe 1 – Realisiere deine Unzufriedenheit
Stufe 2 – Du brauchst Mitwisser
Stufe 3 – Spitze den Bleistift für deine Wunschliste
Stufe 4 – Hinter jeder Ecke »lauert« eine Möglichkeit
Stufe 5 – Nur keine Hektik!
Stufe 6 – Der Countdown läuft
Stufe 7 – Sei gut zu dir

Stufe 1 – Realisiere deine Unzufriedenheit

Lügen und Betrügen sind Todsünden. So wurde ich erzogen. Im Elternhaus und in der Schule wurde es uns eingebläut. Natürlich griffen wir zur Notlüge, wenn wir zu spät kamen und unsere Eltern tobten, oder wir schwindelten die Freundin an, wenn wir vergessen hatten, ihr bei den Hausaufgaben zu helfen. Das fanden wir nicht fair und es drückte nur ein bisschen auf der Seele. Aber alles nicht so schlimm! Eine richtige dicke, fette Lüge jedoch bereitete uns ziemliche Bauchweh.

Sich selbst zu belügen, ist ebenfalls eine Sünde.

Eine Sünde an sich selbst. Nur das realisieren wir meistens nicht. Als mir neulich meine alten Tagebücher aus den ersten Ehejahren in die Hände fielen, wurde es mir sonnenklar. Es waren nur schöne Zeiten, die ich beschrieb, alles rosig, sonnig, goldig. Fröhliche kleine Familie, Kind mal unartig, Gatte viel Arbeit, aber sonst alles ganz wundervoll. Auf jeder Seite. Ich konnte gar nicht weiterlesen. So sehr hat es mich gelangweilt oder sogar angeekelt. Als dann wirklich meine Probleme begannen, hörte ich schlagartig mit dem Tagebuchschreiben auf. Ich wollte meine Sorgen und Nöte nicht niederschreiben aus Angst, sie zu manifestieren. Die glückliche Familie sollte weiterexistieren.

Stört dich etwas, schreib es nieder. Vielleicht nur einen Satz, wie:

Ich möchte nicht immer nur warten müssen! oder Ich will nicht mehr nur das Vehikel für den Erfolg anderer sein!

Ein Satz genügt! Es muss kein ganzer Aufsatz sein.

Oder schau in den Spiegel und sage dir ins Gesicht, was dir nicht passt!

Fange nicht an, dich selbst zu belügen und nerve deine Freundinnen nicht mit unwichtigen Kleinigkeiten über deinen Ehealltag oder dein Berufsleben. Sage klar, was stört.

Graviere es in deine Seele. Realisiere es.

Das ist die Bewusstmachung deines Zustandes.

Es hat keinen Wert, über Dinge zu reden, wenn man nicht auch beabsichtigt, den Reden die Taten folgen zu lassen.
Lu Chin-Yüan

Stufe 2 – Du brauchst Mitwisser

Es ist so, wir können nicht immer alles allein tragen. Irgendwann brechen wir unter der Last zusammen. Aber nicht jede Fleischfachverkäuferin im Supermarkt muss von deinen Problemen erfahren. Wenn du keinen Freund und keine Freundin hast, dann ist das sehr traurig. Das ist dann überhaupt das allergrößte Alarmzeichen. Niemand ist für dich da? Kann es sein, dass du es selbst verschuldet hast? Worauf hast du all die Jahre dein Augenmerk gerichtet? Wer oder was hatte Vorrang in deinem Leben. Anni, meine Mutter musste so viel arbeiten und wurde so sehr von meinem Vater vereinnahmt, sie hatte über Jahrzehnte keine weibliche Vertrauensperson. Zu meiner eigenen Trauer über den Tod meines Großvaters kam die Traurigkeit, die ich mit meiner Mutter fühlte, als sie nach der Beerdigung zu mir sagte: »Mein Schwiegervater, dein Großvater, war der einzige wahre Freund, den ich je im Leben hatte. Was will Gott mir damit sagen, dass er ihn von mir nimmt?«

Nachdem ich meine Freundin Margret verloren hatte, fühlte ich mich auch allein. Ich brauchte auch jemanden, den ich mal kurz besuchen und bei dem ich mich ausquatschen konnte. Meine anderen Freundinnen waren entweder weit fort oder eher Schulkameradinnen, denen ich nicht mein tiefstes Inneres preisgegeben hätte. Und sie hatten alle in den Jahren, als ich schon Mutter war, ganz andere Probleme. Man verlor sich aus den Augen.

In den Zeiten meiner schlimmsten Lebenstragödien und meiner schmerzlichsten Erlebnisse habe ich immer jemanden gesucht, der oder dem ich mich anvertrauen konnte. Es waren die unterschiedlichsten Menschen. Mit einigen verband mich nur tiefe Sympathie, aber noch keine gemeinsamen Unternehmungen. Weil ich wusste, dass dieser Mensch ähnliches durchgemacht hatte wie ich, zog ich ihn ins Vertrauen, um einen unterstützenden Rat zu bekommen.

Natürlich musst du sorgsam bei deiner Wahl sein, denn du willst ja nicht deinen Fall am nächsten Morgen in der Zeitung lesen. Suche dir mit Bedacht einen Mitwisser für dein Problem aus, wenn du keinen Freund hast. Ich habe auf diese Weise sehr gute Freunde gefunden. Denn der Mensch, dem du dich anvertraust, ist meist sehr stolz darauf, erwählt worden zu sein. Du

Zu viel Vertrauen ist häufig eine Dummheit,
zu viel Misstrauen immer ein Unglück.
Jean Paul

bist nicht allein. Unter Millionen von Menschen gibt es auch jemanden für dich.

Natürlich kannst du auch zu einem Therapeuten gehen und er wird dir vielleicht auch helfen können. Dein Freund sollte er allerdings nicht werden. Siehe den Fall meiner Freundin Bibi.

Stufe 3 – Spitze den Bleistift für deine Wunschliste

Wenn du deine Unzufriedenheit, dein Eingesperrtsein, deine unerfüllten Sehnsüchte erkannt hast, machst du am besten eine Wunschliste. Kennst du das Märchen vom Froschkönig?

Es beginnt mit den Worten: Zu Zeiten, als das Wünschen noch geholfen hat …

Was waren das für Zeiten? Sind sie vergangen? Nein? Auch in unseren Zeiten hilft das Wünschen immer noch. Warte nicht auf den Froschkönig, den du küssen oder an die Wand klatschen kannst. Vertraue auf deine Kraft und dein Glück. Stelle den Topf bereit für einen neuen Lebensbrei, spitze deinen Bleistift und notiere die Zutaten.

Es ist allerdings keine gute Idee, eine Mängelliste für deinen Partner zu erstellen, sie ihm unter die Nase zu halten und zu sagen: »Hier lies mal. Ich wünsche mir von dir mehr Aufmerksamkeit und Zuwendung, dass du auf meine sexuellen Wünsche eingehst und mit mir endlich nach Paris fährst. Ich erwarte bis morgen eine Entscheidung darüber, ob du meinen Wünsche erhörst und ob du dich ändern kannst. Ansonsten …«

Eine Bekannte, die mit ihrem Mann schon jahrelang eine eher oberflächliche Beziehung hatte, antwortete mir auf die Frage, warum sie denn nichts ändere: »Es hat gar keinen

Zweck, mir einen anderen zu suchen. Ich falle doch immer wieder auf die gleichen Typen hinein.« Klingt das nicht nach totaler Resignation und Selbstaufgabe?

Finde dich nicht mit dem Standort ab, der dir nicht gefällt.

Finde dich nicht mit ständigen Lieblosigkeiten ab.

Erstelle eine Wunschliste, aber überprüfe auch gleichzeitig, ob du selbst nicht einige giftige Zutaten in euren gemeinsamen Lebensbrei geworfen hast. Mach es dir nicht so einfach um einen Lottogewinn zu bitten. Damit sind deine Probleme nicht aus der Welt.

Eine Hauptsache, die man nie vergessen dürfte, dass es an uns liegt, die Welt zu ändern, nicht bei den andern. Immer bei uns.
Ludwig Hohl

Aber morgen kommt die Zauberfee. Du hast mehr als drei Wünsche frei. Was sagst du dann? Lies ihr einfach deinen Wunschzettel vor.

Stufe 4 –
Hinter jeder Ecke »lauert« eine Möglichkeit

Wie oft höre ich die Sätze:

»Mir ist nicht zu helfen. Ich bin zu alt, um mich beruflich zu verändern.«

»Allein schaffe ich es nicht. An wen soll ich mich wenden?«

»Ich bin verdorben für eine neue Partnerschaft.«

Du wohnst nicht in einer Welt voller Menschenfresser. So offen du auf Menschen zugehen kannst, die du etwas fragen willst, die du um etwas bitten möchtest, so offen werden sie dir begegnen. Und wenn es wirklich wahrhaftige Kotzbrocken sind, was soll's? Auf die bist du schon mal gar nicht angewiesen. Lass dich nicht einschüchtern.

Besinne dich auf deine Fähigkeiten. Sprich Menschen an, die etwas für dich tun könnten. Stelle Fragen, knüpfe Kontakte. Es ist so spannend, ganz anderen Menschen zu begegnen, weit über deinen Kegelclub oder deinen Gymnastikverein hinaus. Ich sage es extra ein wenig provokativ. Als ich ganz unten war, habe ich mich nicht verkrochen und gejammert, dass keiner mich liebt, sondern ich habe mich auf das besonnen, was ich kann. Mein Adressbuch habe ich durchgesehen und geschaut, wer etwas für mich tun kann. Einen Tipp, eine Empfehlung, einen Rat, ein Gespräch, etwas Zuwendung, mehr wollte ich gar nicht.

Lass los, damit du zupacken kannst!
Peter Werner

Vor dir tun sich ganz neue Perspektiven auf und du wirst ganz neu beflügelt, wenn jemand zu dir sagt: »Oh, da weiß ich was für dich. Ich glaube, ich kann etwas für dich tun. Du bist genau die Richtige.«

Stufe 5 –
Nur keine Hektik!

Lass dir Zeit. Wenn es möglich ist, dann übereile nichts.

Bleib gelassen, aber schiebe nichts auf die lange Bank.

Vertraue darauf, dass deine Zeit kommen wird.

Du musst und willst deine Situation verändern, das ist dir klar. Du willst loslassen, auch wenn du weißt, es könnte eine schwere Zeit danach für dich geben.

Du hast Verbindung aufgenommen und Kontakte geknüpft zu Menschen, die dir behilflich sein können.

Du brauchst nicht jedem x-Beliebigen deine ganz private Geschichte zu erzählen. Es geht nicht jeden etwas an. Außerdem kann es sehr anstrengend sein und dir die Kraft rauben.

Konzentriere dich auf das Wesentliche und behalte einen klaren Kopf. Deine Panikattacken, ob du nach der Loslösung von dem bisschen Geld, das dir übrig bleibt, leben kannst, ob du deine Kinder regelmäßig sehen wirst oder ob du überhaupt noch eine Anstellung bekommst in deinem Alter und mit deiner Ausbildung, ja diese Panik kann dir keiner nehmen. Sie helfen dir gegebenenfalls, schöpferischen Gebrauch von deiner Fantasie, deinen Organisationstalenten, deiner Flexibilität, deinen Talenten zu machen. Wenn du dir deine Leidenschaft für das Leben erhalten hast, dann hast du auch das Recht auf eine gute Portion neuen kreativen Lebens. Darauf solltest du neugierig sein. Regele die Dinge, die dir das Leben später erleichtern können. Leite etwas ein, bring etwas in Gang. Du willst leben und nicht nur überleben. Zum Dahinvegetieren als menschliches Wrack bist du dir zu schade. Plane also mit Bedacht. Um so sicherer stehst du nachher da.

Viel ist ja schon dadurch gewonnen, dass du endlich weißt, was du willst. Du hast dir vielleicht sogar schon Wohnungen angeschaut und dir durchgerechnet, wovon du leben kannst. Mag sein, du hattest schon einige Bewerbungsgespräche mit Option auf Erfolg, dann gehst du leichter von dannen und brauchst dir keine Vorwürfe zu machen. Selbstvorwürfe sind sehr schwer zu verdrängen. Selbstzerfleischung ist grausame Folter. Denke nach, plane, handele. Dann kommt alles ins Reine.

Ruhe, Stille, Sofa
und eine Tasse Tee geht über alles.
Theodor Fontane

Stufe 6 – Der Countdown läuft

Hektik zu vermeiden, heißt nicht, unendlich aufzuschieben. Unentschlossenheit ist eine weit verbreitete Untugend. Irgendwann muss es Klick machen.

Erich Fromm nennt es auch die Furcht vor der Freiheit:

Die positive Freiheit besteht im spontanen Tätigsein der gesamten integrierten Persönlichkeit.

Du willst kein isoliertes Wesen mehr sein. Verkapselt in deiner lebensfeindlichen Situation. Du wirst aktiv. Du löst dich aus freien Stücken. Diesen kraftvollen Willen wirst du jetzt umsetzen!

Erich Fromm: *Spontanes Tätigsein ist der einzige Weg, auf dem man die Angst vor dem Alleinsein überwinden kann, ohne die Integrität seines Selbst zu opfern, denn in der spontanen Verwirklichung des Selbst vereinigt sich der Mensch aufs Neue mit der Welt – mit dem Menschen, der Natur und sich selbst.*

Augenblicke eigener Entschlossenheit verbunden mit dem Erlebnis unserer spontanen Entscheidung erleben wir als die wahrhaften Glücksmomente unseres Lebens, auch wenn wir noch einen weiten Weg zu gehen haben. Dieses Glücksgefühl, endlich für DICH gehandelt zu haben, wird sich in deine Seele einbrennen als Tätowierung deiner zukünftigen Stärke.

Du hast dein eigenes Ich, dein Selbst verwirklicht. Du bist ein Teil dieser Welt. Es ist der Sinn des Lebens, das Leben zu spüren mit allen Facetten, die es zu bieten hat.

Der Ausgang krönt das Vollbrachte.
Ovid

Meine entschlossen durchgezogenen Loslösungen haben mir für alle Zukunft den Weg gewiesen. Gefestigt und gewappnet bin ich jedes Mal daraus hervorgegangen.

Das habe ich durchgestanden und geschafft! Ich werde auch andere Dinge im Leben meistern können.

Stufe 7 – Sei gut zu dir

Wenn du die Fähigkeit, dich selbst zu lieben, bewahrt hast, kannst du nicht untergehen. Du magst dich, also magst du auch andere Menschen. Und diese Sympathie, die du deiner Umwelt entgegenbringst, wird auf dich zurückstrahlen. Es wird immer ein Sprungtuch geben, in das du fallen kannst.

Dieses Sprungtuch kannst du auch als Vorhang benutzen, den du vor deine Erinnerungen ziehst, wenn sie sich wieder deiner bemächtigen. Es ist oft wie ein Zwang, ein Stück Selbstquälerei, immer wieder die schönen Momente, die einmal gewesen sind, hervorzukramen. Zerstörerisch lässt man sie immer wieder ablaufen wie einen Film. Es scheint in deinem Leben nur wunderbare Augenblicke gegeben zu haben. Die Umstände, die dich belasteten, tauchen oft gar nicht mehr auf. Du denkst zurück und schaust nicht nach vorn. Das kann dich lähmen bis zur Depression. Zieh dieses große schneeweiße Sprungtuch mit einem kräftigen Ratsch vor die alten Bilder aus deiner Vergangenheit. Sei gut zu dir. Belohne dich mit einem Buch, das du immer schon lesen wolltest. Kauf dir auf dem Wochenmarkt doch endlich die herrliche weiße Amaryllis am Blumenstand. Oder erstehe zwei Kilo Muscheln und lade dir einen Freund oder eine Freundin ein. Stöbere im Antikladen nach der langersehnten Wagenfeld-Lampe oder besuche endlich die Rocky-Horror-Picture-Show. Tue Dinge, die du schon ganz lange nicht mehr gemacht hast. Es sind oft die ganz einfachen Begebenheiten im Alltag, die uns froh machen, die uns plötzlich ganz neue Perspektiven eröffnen. Mich hat es zum Beispiel über alle Maßen glücklich gemacht, meine kleine Wohnung ganz allein nach meinen Wünschen einzurichten. Ich jammere nicht Schränken oder Truhen hinterher, die mir einmal gehört haben. Die wären auch zu stark mit meiner Vergangenheit behaftet. Ich wollte frisch und unbelastet ganz von vorn anfangen. Und so, wie ich vor zwanzig Jahren gewohnt habe, würde ich mich jetzt auch nicht mehr einrichten. Wir entwickeln uns weiter. Es ist ein völlig normaler Prozess. Mit Spannung habe ich mich selbst beobachtet, auf was ich in meinem heutigen Dasein abfahre. Selbst wenn das Geld für ein riesiges knallrotes Ledersofa fehlt und die Designerlampe auch nicht sofort erschwinglich ist, so ist es doch schön, noch Ziele und Wünsche zu haben. Es gibt keinen Grund, auf etwas zu verzichten, wenn du es dir leisten kannst. Versage dir nicht immer deine Wünsche. Oft sind es nur winzige Aufmerksamkeiten, die dir den Alltag verschönern. Eine Kerze in deiner Lieblingsfarbe, neue Servietten, eine köstliche Flasche Rotwein. Wenn du noch lieben und wünschen kannst, wirst du alles, aber auch wirklich alles überwinden können, was dich im Moment vielleicht noch belastet und bedrückt.

So lange ein Mensch ein Buch schreibt,
kann er nicht unglücklich sein.
Jean Paul

Bau dir ein Loslasstreppchen mit 7 Stufen:

① Womit bin ich unzufrieden:

....

....

② Wem kann ich mich anvertrauen:

....

....

③ Was wünsche ich mir noch:

....

....

④ Welche Möglichkeiten kann ich anvisieren:

....

....

⑤ Ich bewahre die Ruhe! Mir hilft:

....

....

⑥ Ich schiebe nichts auf die lange Bank. Mein Weg:

....

....

⑦ Ich kann, weil ich will. Ich belohne mich mit:

....

....

Resümee

Das habe ich in meinem fünfzigjährigen Leben ganz oft erlebt:

- Ich entscheide mich für etwas, oder eine Lebenssituation ergibt sich, in der ich mich wohl fühle.
- Ich erlebe und lebe es – genieße es oder leide vielleicht irgendwann.
- Ich halte es aus – beginne nachzudenken.
- Ich wäge ab und prüfe die Möglichkeiten.
- Ich halte es nicht mehr aus und springe – ich falle.
- Ich finde mich im Sprungtuch wieder.
- Ich steige aus, sehe mich um und beginne neu.

Das Wichtigste, was ich gelernt habe:

- Leben ist wichtig, nicht nur Überleben.
- Bewahre dir deine Leidenschaft für das Leben.
- Es gibt immer wieder einen Weg!
- Ich bin nicht allein auf dieser Welt!
- Wenn ich Belastendes loslassen kann, bekomme ich Neues geschenkt.
- Die Freiheit zu tun und zu handeln ist die einzige Macht, die wir wirklich besitzen.
- Dein Ich gehört dir.

Was ich dir und mir wünsche:

Ich wünsche auch dir ein spannendes Leben. Vielleicht wirst du auch zu dem erlesenen Club der Menschen zählen, die im Alter auf etwas zurückblicken können. Wir können nicht alle Genies und Künstler werden. Aber Spuren können wir hinterlassen. Wir werden nicht umsonst gelebt haben. Wir haben nicht nur so dahinvegetiert, sondern wir haben etwas bewirkt! Für andere, aber auch für uns.

Es wäre doch schön, wir würden uns eines Tages auf der Wunschbank treffen, und du erzählst mir DEINE Geschichte von der Kunst des Loslassens. Ich bin schon sehr gespannt!

Bücher für die Kunst des Loslassens

Melody Beattie: *Kraft zum Loslassen, Tägliche Meditationen*, Heyne 1990
Erich Fromm: *Gesamtausgabe* Bd. 1–10 DVA 1980
Erich Fromm: *Die Kunst des Liebens*, Ullstein 1979
Louise L. Hay: *Wahre Kraft kommt von innen*, Heyne 1997
Louise L. Hay: *Heile deinen Körper*, Lüchow 1989
Verena Kast: *Sich einlassen und loslassen*, Herder 1994
H. Goldhor Lerner: *Wohin mit meiner Wut?*, Fischer 1990
Kurt Tepperwein: *Loslassen, was nicht glücklich macht*, mvg 2000
Judith Viorst, *Mut zur Trennung*, Heyne 1990

Aphorismen und Gedichte

Georg Büchmann, *Geflügelte Worte*, Knaur 1977
Deutsche Aphorismen aus drei Jahrhunderten, Manesse 1992
Marie von Ebner-Eschenbach: *Aphorismen*, Reclam 1988
Fontane zum Vergnügen, Alles kommt auf die Beleuchtung an, Reclam 1994
(Hg.) Vera Hauschild, *Rilke für Gestresste*, Insel 2000
Heinrich Heine: *Lebensfahrt*, Aufbau 1997
Heinrich Heine: *Mit scharfer Zunge*, dtv 1997
(Hg.) Wolfg. Henkel, *Aphorismen für Führungskräfte*, L&H 1997
Hermann Hesse: *Lektüre für Minuten*, Suhrkamp 2000
Hermann Hesse: *Gedichte*, Suhrkamp
Stanislaw Jerzy Lec: Alle unfrisierten Gedanken, Hanser 1982
G. Chr. Lichtenberg, *Aphorismen*, Reclam 1984
(Hg.) Lothar Schmidt, *Sieben Wörter sind genug*, mvg 1996
Oscar Wilde: *Aphorismen*, Insel 1987
Oscariana oder Wildes Denken, Haffmans 2000

Weitere Quellen

Marlies Burghardt: *Tarot und Lebensbaum,* Knaur 1993
Evelin Bürger/Johannes Fiebig: *Das Sonne-Mond-Tarot,* Königsfurt 1999
Evelin Bürger/Johannes Fiebig: *Tarot für Einsteiger/innen,* Königsfurt 1999
Brüder Grimm: *Rapunzel*, Esslinger 1996
Milan Kundera: *Die Kunst des Romans*, Fischer 1996
Luigi Malerba: *König Ohneschuh*, Wagenbach 1997
Friedrich Nietzsche: *Also sprach Zarathustra*, Reclam 1994